_____ 님의 소중한 미래를 위해
이 책을 드립니다.

내게 함부로
하지 마

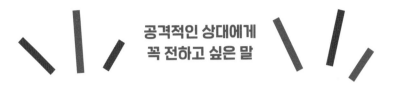

공격적인 상대에게
꼭 전하고 싶은 말

내게 함부로
하지 마

조(Joe) 지음 | 홍미화 옮김

메이트북스

메이트북스 우리는 책이 독자를 위한 것임을 잊지 않는다.
우리는 독자의 꿈을 사랑하고,
그 꿈이 실현될 수 있는 도구를 세상에 내놓는다.

내게 함부로 하지 마

초판 1쇄 발행 2019년 12월 2일 | **지은이** 조(Joe) | **옮긴이** 홍미화
펴낸곳 ㈜원앤원콘텐츠그룹 | **펴낸이** 강현규 · 정영훈
등록번호 제301-2006-001호 | **등록일자** 2013년 5월 24일
주소 04778 서울시 성동구 뚝섬로1길 25 서울숲 한라에코밸리 303호 | **전화** (02)2234-7117
팩스 (02)2234-1086 | **홈페이지** www.matebooks.co.kr | **이메일** khg0109@hanmail.net
값 14,000원 | **ISBN** 979-11-6002-257-5 03190

이 도서의 국립중앙도서관 출판시도서목록(CIP)은 e-CIP홈페이지(http://www.nl.go.kr/ecip)에서
이용하실 수 있습니다.(CIP제어번호: CIP2019041339)

자기 자신을 싸구려 취급하는 사람은
타인에게도 역시 싸구려 취급을 받을 것이다.

· 윌리엄 헤즐릿(영국의 작가) ·

한 가지만 이해해도
공격은 놀랄 만큼 줄어든다

- 남편이나 아내에게 항상 인격적으로 무시당한다.
- 직장 상사에게 늘 나만 이유 없이 혼이 난다.
- 연인에게서 말도 안 되는 트집을 당하기 일쑤이다.

어디에서나 괴롭힘을 당하는 '만만한' 표적이 되어버린 나! 무엇이 문제인 걸까요? 어떻게 해야 할까요?

- 다른 사람들은 공격당하지 않는데 왜 나만 공격의 대상이

되는가?

- 무엇을 하든 안 하든 나만 공격당하는 이유는 뭘까?
- 무엇을 어떻게 하면 끝없이 계속되는 공격을 멈출 수가 있을까?

항상 공격적인 이웃은 어디나 있기 마련입니다. 그런 사람과는 사실 하루라도 빨리 멀어져야 하겠지요. 하지만 세상에는 어쩔 수 없는 사정이 있는 경우가 있습니다.

그렇다면 이렇게 어쩔 수 없는 사정으로 어쩔 수 없이 함께해야 하는 '내게만 공격적인 사람'에게 대처하는 방법이란 무엇일까요? 어떻게 하면 이러한 공격이 멈출 수 있을까요?

상대의 공격은 당신이
어떤 사람으로 보이는지에 따라 결정된다

대부분의 피해자는 공격받지 않기 위해 상대에게 인정받고자 필사적으로 노력하고, 비위를 맞추면서 애써 마음을 전하곤 합니다. 그러다가 궁지에 몰리거나 진이 빠져서 참을 수 없는 지경에 이르지요.

결국 더욱 하소연을 늘어놓거나 흐느껴 울다가 장황한 설명을 하는 등의 온갖 수단을 동원해 감정을 그대로 드러내며 호소합니다. 하지만 당신이 공격의 대상이 된 경우 이러한 대처는 대부분 역효과를 낼 뿐입니다.

당신이 항상 공격당하는 것은 당신이 무언가를 하거나 상대와 마음이 맞지 않아서가 아닙니다. 그 이유는 상대가 당신을 '공격하기 쉬운 사람'으로 간주하기 때문입니다. 다시 말해 평소의 표정과 태도를 포함한 당신의 특성을 '공격하기 쉬운 유형'으로 보고 있다는 뜻입니다.

학교 같은 곳에서 집단 괴롭힘을 당하는 피해자를 상상하면 이해하기 쉬울 겁니다. 당하는 사람이 어떤 행동을 했기 때문에 괴롭히는 것이 아닙니다. 집단 괴롭힘을 당하기 쉬운 유형이기 때문에 무엇을 하든 안 하든 상관없이 괴롭힘을 당하는 겁니다. 당신이 그러한 상대 앞에서 지금까지 해온 것처럼 행동하는 한 무엇을 하든 계속 공격당할 수밖에 없습니다.

반대로 말해 당신이 그러한 상대 앞에서 스타일을 바꿔 평소에 '공격당하지 않는 유형'으로 행동한다면 이제껏 해왔던 것과 같은 일을 해도 당신은 더 이상 공격당하지 않을 겁니다.

'공격당하지 않는 유형'이라고 하면 왠지 어렵게 느껴질지도 모르지만 사실은 매우 단순합니다. 자세한 설명은 뒤에서 하겠지만, 간단히 요약하자면 그러한 상대 앞에서는 평소에 말수를 줄여서 속으로 무엇을 생각하는지 알 수 없는 사람이 되어야 한다는 것입니다. 그런 다음에 상대를 차분하게 대한다면 그것만으로도 당신의 속마음을 알 수 없어서 감히 범접할 수 없는 분위기를 자아냅니다. 상대가 그런 기운을 느낀다면 당신을 공격하는 일을 망설이게 될 겁니다.

당신은 공격적인 사람과 본격적으로 싸울 필요가 없습니다. 싸움을 일체 하지 않고도 상대의 공격 욕구를 지혜롭게 꺾을 수 있습니다. 만일 당신이 누군가에게 지속적인 공격을 받기 시작했다면 이제는 더 이상 당신의 진정한 모습을 상대에게 알리려 해서는 안 됩니다.

오히려 상대가 알 수 없는 부분을 의도적으로 만들어야 합니다. 인간은 속마음을 알 수 없는 상대에게 두려움을 느껴서 쉽게 공격하지 못하기 때문이지요.

저는 다툼이 끊이지 않았던 부모님에게 정신적인 폭력을 당했던 경험을 토대로 정신적 학대를 막기 위한 대처법 'Joe메서드'를 개발했고, 그 후로 정신적 학대 대책 상담자로서 많은 피해자들을 상담이나 강연활동을 통해 만나고 있습니다.

Joe메서드는 현재의 감정은 일단 넣어둔 채 자신이 바라는 결과를 얻을 수 있는 행동을 착실하게 실천하는 해결중심의 방법입니다. 따라서 Joe메서드를 실천한 사람은 대부분 명확한 효과를 얻었습니다.

다음은 Joe메서드를 실천했던 사람들의 경험담인데, 당사자들의 양해를 얻어 소개하고자 합니다.

남편의 공격성에 너무나 힘든 40대 전업주부

어느 날부터인가 남편이 매일 제게 짜증을 부리면서 화를 내더군요. 그러다가 급기야는 폭언을 하고 아이들에게도 마구 소리를 지르기 시작했습니다.

걱정스러운 마음에 인터넷 검색을 하다가 Joe의 블로그를 발견해서 무료 메일 강좌를 듣게 되었지요. 그리고 저는 조언에 따라 행동에 옮기기 시작했습니다.

갑자기 말이 없어진 제가 이상한지 남편은 "아무 말도 하지 않네"라거나 "보통 때와는 좀 다른데?"라고 했지만 "응…" 하고 짧은 대답만 반복했습니다. 꼭 말을 걸어야 할 때는 Joe의 조언대로 짧고 담담하게 잘라 말해서 남편이 저를 공격하는 것을 단념하도록 만들었습니다.

방에 둘이서만 있을 때는 조금 두렵기도 했지만 어쨌든 침묵을 지켜나갔습니다. 남편과의 경계를 점차로 늘려갔지요. 나중에는 "당신이 무엇을 생각하는지 모르겠다"는 말도 들었지만 "뭐?"라거나 "응…"이라는 말로 대꾸했습니다.

그렇게 시간이 흐르자 남편이 제 눈치를 보기 시작했습니다. 저는 계속 담담한 태도를 유지했지만 남편은 제가 무슨 생각을 하는지 알 수 없어서 조금은 두려워했던 것 같습니다. 드디어 자신의 일을 알아서 처리하기 시작했고, 표정도 밝아졌습니다. 피해망상적인 말들도 하지 않게 되었지요.

제가 말을 거는 일은 거의 없었지만 이전과 다르게 남편 쪽에서 부드러운 표정으로 말을 걸어왔습니다. 대화는 대개 이어지지 않았지만 기분은 좋았습니다.

이제 제가 남편의 비위를 맞추는 일은 없었고, 기분이 나쁠 때는 기분이 나쁜 대로 남편을 대하기도 했지만 그는 그런대로 저를 책망하지 않았습니다. 오히려 그럴 때는 남편이 제 눈치를 보기도 했습니다.

전에는 남편과 잘 지내기 위해서 늘 제가 양보했었지만, 그럴수록 남편의 폭언은 오히려 점점 더 심해졌습니다. Joe메서드를 실천하며 그 때와 완전히 다른 태도를 취했더니 이제 남편은 제 비위를 맞추려 노력하게 되었습니다.

가끔 제가 긴장을 늦추고 상냥하게 대하면 남편은 갑자기 큰소리를 치면서 거만한 태도를 취하기도 합니다. 하지만 제가 금방 자세를 바꾸면 남편도 부드러운 태도로 되돌아갑니다.

물론 일정한 거리감이 있는 관계라서 사이좋은 부부라고 말할 수 있는 상태는 아니지만 아무튼 생활하기는 편해졌습니다. Joe선생님께 감사드립니다.

직장 상사에게 괴롭힘을 당하는
30대 회사원

저는 직장 상사에게 지속적으로 괴롭힘을 당했습니다. 회사에 출근하면 그 직장 상사 때문에 하루하루가 너무 지치고 힘들었습니다.

직장에는 많은 직원들이 있었는데 저에게만 말도 안 되는 일로 화를 내거나 많은 일을 맡기고는 마치 자신이 다했다는 듯이 윗사람에게 보고하는 사람이었습니다. 기분이 나쁠 때는 무턱대고 난리를 치며 화를 냈습니다. 동료들에게도 하도 제 험담을 해서 그들도 힘들어할 정도였습니다.

인터넷에서 검색을 하다가 블로그를 발견하고 Joe의 상담을 받은 결과, 그 상사를 너무 받아주고 있기 때문이라는 지적을 받고, 다음날부터 제 생각을 바꿨습니다.

동시에 Joe의 지적대로 말수를 줄이고 담담한 표정과 말투로 대했지요. 전처럼 장황하게 사정을 설명하는 행동도 그만두고 뭔가 다른 분위기를 만들었습니다.

그러자 그날부터 상사의 태도가 변했습니다. 처음에는 바뀐 저를 굉장히 경계하는 듯 했습니다. 조금 윽박지르는 말을 하거나 반대로 이제까지 한 번도 볼 수 없었던 미소 짓는 얼굴로 말을 걸어오기도 했습니다.

그런 태도의 변화가 너무 거짓말 같아서 솔직히 화가 치밀어 오르기도 했습니다. 하지만 Joe 선생님이 가르쳐준 대로 감정을 드러내지 않고 담담하게 일정한 태도를 유지한 채 철저하게 해야 할 일만 했습니다. 상사를 향한 일정한 태도를 무너뜨리지 않으려고 부단히 노력했지요.

그런 날들이 지나자 상사는 점차 저에게 아무 일이나 맡기지 않게 되었습니다. 저에게 말을 거는 것이 곤욕스러워 보이기까지 했습니다. 복도를 지나다가 마주치면 눈을 피했지요. 동료들에게 제 험담을 늘어놓는 일도 없어졌습니다. 이유는 모르겠지만 아무튼 저는 믿을 수 없을 만큼 편해졌습니다.

누군가를 반드시 공격의 표적으로 삼아야 하는 사람답게 지금은 같은 부서의 다른 사람을 괴롭히고 있습니다. 어쨌든 더 이상 저를 공격하지는 않습니다. 그는 아마 무슨 생각을 하는지 알 수 없는 차가운 분위기의 사람을 어려워하는 타입이었던 것 같습니다.

Joe메서드의 대처법을 익힌 김에 회사 이외의 사람간의 관계에서도 응용해서 써보려고 합니다. 진심으로 감사드립니다.

공격적인 사람의 유형은 여러 가지여서 개선 방법도 제각각이지만 당신의 태도가 변하면 상대의 태도도 변한다는 진리에는 변함이 없습니다. 기본적인 방법을 토대로 자신의 상황에 맞는 대응을 골라 상대의 공격을 멈추게 해야 합니다.

조(Joe)

| CONTENTS |

2장 상대의 공격성을 잠재우는 3가지 요령

STEP 3 상대의 공격에 대한 반응을 줄이다

3장 불합리한 공격에는 이렇게 대처하라

4장 그래도 공격이 멈추지 않을 때의 최종 수단

1장

공격적인 상대의 심리를
알기 위한 6가지 비법

약하거나 민폐를 끼친다고
생각해서 공격해오는 것

항상 공격을 해온다면
한 번의 공격과는 차원이 다르다

상대에게 항상 공격을 당하는 원인에 대해 생각해봅시다.

무엇을 해도, 반대로 아무것도 하지 않아도 공격을 해옵니다. 영문을 몰라 답답하고 괴롭겠지만 당신이 그러한 대상이 되는 데는 확실한 원인이 있습니다.

만일 누군가에게 일회성 공격을 당하거나 노여움을 산다면 그

즉시 공격의 원인이 되는 행동을 반성하면 됩니다. 그리고 이후로 그러한 행동을 하지 않는다면 더 이상 당신이 노여움을 살 일도, 공격당하는 일도 없을 겁니다. 이런 경우에는 상대의 공격을 멈추게 하는 일이 매우 간단합니다.

그런데 당신의 경우는 '항상' 공격당하는 상황입니다. 누군가가 '항상' 공격을 해온다는 것은 한 번의 공격과는 차원이 다릅니다. 그리고 공격당하는 원인도 다릅니다.

약하다는 것은 반격이 두렵지 않다는 의미

상대가 당신을 항상 공격하는 이유는 다음의 2가지입니다.

① 당신이 약하다고 생각한다.
② 당신이 민폐를 끼친다고 생각한다.

각각을 자세히 설명해보도록 하겠습니다.

먼저 상대가 당신이 약하다고 생각한다는 것은 당신 자체가 진짜 약하다는 의미가 아닙니다. 공격해도 괜찮을 만큼 당신이 약하다고 생각한다는 뜻입니다. 즉 당신을 항상 '반격이 두렵지 않은 존재'로 보고 있다는 겁니다.

'내가 아무리 공격해도 이 녀석은 반격해오지 않을 거야. 그리고 반격해오더라도 어차피 힘이 없으니 별로 무섭지도 않아. 그러니까 이 녀석을 공격해도 내가 손해 볼 건 없어.'

이러한 의미로 당신이 약하다고 여기는 겁니다. 다시 말해 당신을 업신여기고 깔보는 겁니다.

사람마다 민폐라고
생각하는 것은 다르다

그러면 두 번째 원인인 당신이 민폐라고 생각한다는 것은 어떤 의미일까요?

이것도 앞서 얘기한 약하다고 생각한다는 것과 마찬가지로 당신 자체가 민폐를 끼치는 존재라는 의미가 아닙니다. 항상 당신을 공격해오는 사람이 자신만의 개인적인 잣대로 당신을 민폐라고 인식하고 있을 뿐입니다. 여기에서 말하는 민폐라는 의미는 상당히 광범위합니다.

예를 들어 세상에는 매사를 흑백논리로 명확하게 구분하지 않는 사람을 모호하다고 생각해서 싫어하는 부류가 있습니다. 원래 인생이란 본질적으로 모호한 것이어서 모든 것을 흑백논리로 구분할 수만은 없습니다. 하지만 모호한 것을 싫어하는 사람에게는 만사를 그렇게 처리하는 사람이 민폐를 끼치는 사람으로 보여서 결국 짜증이 나고 마는 겁니다.

또는 자신과 가치관이나 의견이 다른 사람을 해로운 사람으로 간주해 이유없이 화를 내는 사람도 있습니다. 자신이 할 수 없는 일을 해내는 사람을 보면 너무 부러운 나머지 분통을 터뜨리는 경우도 있지요.

또는 나와는 다른 이질적인 존재에게 민폐라는 선입견을 씌워 따돌리는 사람도 있고, 유능한 부하를 보면 자신을 위협하는 존재로 여겨 괴롭히는 한심한 상사도 있습니다. 이렇게 아무리 유능한 부하라도 상사의 잣대로 보면 민폐를 끼치는 한낱 해로운 존재일 뿐입니다.

서로 신뢰관계나 친절함으로 대해야 할 대상이지만 항상 공격받는 탓에
당신은 심각한 상처를 입었을 겁니다. 어쩌면 가까운 존재이기 때문에
상대가 자신을 이해해주길 내심 바라고 있을지도 모릅니다.

이렇듯 세상에는 말도 안 되는 이유로 상대를 '민폐를 끼칠 것 같은 사람'으로 낙인찍는 사람이 적지 않습니다. 하지만 대부분의 사람들은 상대가 민폐를 끼치는 사람이라고 생각돼도 실제로 행동에 옮길 만큼 공격 욕구가 그리 높지 많습니다. 실제로 공격을 실행하는 경우는 대개 공격 욕구가 강한 사람이 상대를 약하다고 간주하는 상황에서 생깁니다.

상대방의 분풀이를 절대로
그대로 받아들여서는 안 된다

공격 욕구가 강한 사람은 원래 힘이 세거나 반격을 할 만한 상대에게는 공격 욕구가 생기지 않습니다. 상대가 약하다고 생각하기 때문에 안심하고 공격할 수 있는 겁니다.

엉뚱한 곳에 화풀이를 하는 것도 자신의 열등감을 숨기고 이를 인정하지 않으려 하기 때문입니다. 또한 '이 녀석이 민폐를 끼치니까 그러는 거야'라며 상대를 향한 공격을 정당화하면서 자신을 똑바로 보지 않으려 합니다.

다시 말해 공격 욕구가 강한 사람은 당신이 약하다고 생각하면 당신이 민폐를 끼치지 않아도 그렇게 생각해버립니다. 당신을 약하다고 생각하면 생각할수록 당신이 두렵지 않아서 점점 당신을 민폐를 끼치는 인간으로 취급하며 공격을 가할 수 있게 됩니다.

비위를 맞추려들수록
공격은 강해진다

상대에게 약하다는 인상과 민폐를 끼친다는 인식을 주는 사람은 상대의 비위를 맞추려는 사람입니다. 당신이 누군가에게 항상 공격을 당하고 있다면 비위를 맞추는 행위를 절대로 해서는 안 됩니다.

비위를 맞춘다는 것은 상대에게 '나는 이렇게 약하니 부드럽게 대해줘!'라고 요구하는 겁니다. 그렇지만 공격 욕구가 강한 사람은 반대로 '약해빠진 주제에 부드럽게 대해 달라고 요구하다니…'라고 해석할 수 있습니다. 즉 당신이 민폐를 끼치고 있다고 상대는 해석하는 것이지요.

따라서 당신이 비위를 맞추려 들면 들수록 상대는 당신이 아주 약한 사람이라는 인상을 갖게 되고, 동시에 보다 민폐를 끼치는 사람으로 판명 짓고 맙니다. 그리고 그것이 당신을 향한 공격의 원인이 되는 겁니다.

공격의 원인은
신경 쓰지 않아도 좋다

이처럼 항상 공격을 하는 사람이 상대에게 가진 '민폐'라는 인상은 대부분 매우 부조리한 형태로 날조되어 있지만 때에 따라서는 당신이 자신도 모르는 사이에 상대가 싫어하는 행위를 하고 마는 경우도 있습니다.

예를 들어 자기도 모르게 그만 쓸데없는 말을 해버렸다든지, 부지불식간에 상대를 책망하는 말투를 썼다든지, 내려다보는 자세로 지시를 했다든지, 상대가 참고 있는 줄도 모르고 면전에서 아무렇지 않게 행동했는지도 모릅니다. 그래서 상대가 화가 나 있을 가능성도 있습니다. 그렇다면 그것은 상대에게 확실히 민폐를 끼친 셈이겠지요.

지금 여기서 초점을 맞추고자 하는 것은 당신이 정말 민폐를 끼쳤는가, 끼치지 않았는가 하는 것이 아닙니다.

어쨌든 당신이 항상 공격당하는 이유는 상대가 당신이 약하다고 느끼거나 민폐를 끼친다고 생각한다는, 이 2가지입니다. 그러니 약하지도 않고 민폐를 끼칠 것 같지도 않은 사람으로 인상을 바꿔야만 공격을 줄일 수 있습니다.

자, 이렇게 문제를 단순화해봅시다. 구체적인 해결 방법에 관해서는 2장에서 시작하는 8가지 단계를 통해 소개하겠습니다.

당신을 항상 공격하는 사람은
두 단계로 구분한다

공격적인 사람의
2가지 유형

항상 공격을 하는 사람은 공격 욕구가 강한 유형과 공격 욕구가 강하면서 지배 욕구도 강한 유형의 두 종류로 나뉩니다.

먼저 공격 욕구가 강한 유형은 단순하게 화풀이를 일삼는 유형입니다. '비법 1'에서 소개한 바와 같이 질투심과 어리광, 표현할 길 없는 불쾌감, 차별의식 등으로 단지 화가 나서 공격을 하는 것이지요.

그는 당신을 민폐를 끼치는 사람으로 생각해서 자신을 피해자로 몰아가는 비열한 입장 전환을 시도합니다. 이런 사람은 2장에서 소개할 해결책의 STEP 1에서 STEP 6까지를 실천한다면 몇 개월에서 반 년 정도면 공격이 줄어드는 유형입니다.

복잡한 유형은 지배 욕구가 강한 사람이다

공격 욕구가 강하면서 지배 욕구도 강한 사람은 공격 욕구만 강한 유형보다 조금 더 복잡한 유형입니다. 이런 사람이 항상 공격을 하는 이유는 단순히 당신의 약점을 노려 분노를 발산하고 싶어서가 아니라 공격함으로써 당신을 자신의 지배하에 두려 하기 때문입니다.

그러한 배경에는 사실 당신이 사라질지도 모른다는 두려움이 숨어 있습니다. 즉 그 사람의 내면에는 공격하면서도 당신이 사라지는 것은 두려워하는 모순된 감정이 소용돌이치고 있는 것이지요.

공격 여부를 결정하는 것은 상대의 이해가 아니라
그의 생각입니다.
상대가 당신을 어떤 존재로 보느냐에 따라
공격 여부가 정해진다는 말입니다.

지배 욕구의 원인은
스스로에게 자신이 없기 때문이다

사람은 원래 '이 사람은 늘 내 곁에 있어줄 것'이라는 믿음이 있다면 상대를 강하게 지배하려 들지 않습니다. 다시 말해 공격해서 자신의 지배 아래에 두려 한다는 것은 상대가 언젠가 사라져버릴지도 모른다고 두려워하기 때문입니다.

자신이 누군가에게 늘 함께 있고 싶은 존재가 아니라는 생각이 마음속 깊이 자리 잡고 있는 것이지요. 즉 공격적인 욕구가 강하면서 지배적인 욕구도 강한 유형의 대부분은 근본적인 자신감이나 자기 긍정의 마음이 희박하다고 할 수 있습니다.

상대의 유형에 따라
대처법도 다르다

이런 설명을 들으면 상대가 안 됐다는 생각이 들지도 모릅니다. 하지만 그렇다고 해서 당신이 계속 공격당하는 것을 방치할 수는 없습니다.

먼저 2장에서 설명할 STEP 1~6을 착실하게 실천해주세요. STEP 1~3은 해결책의 토대가 되는 기본편이고, 이어지는 STEP 4~6은 해결책을 심화한 상급편입니다.

수개월에서 반 년 가량 실천을 해도 상황이 나아지지 않는다면, 상대는 공격 욕구가 강하면서 지배 욕구도 강한 유형이라고 할 수 있습니다.

그러한 경우는 기본적인 대처법은 같지만 조금 강도를 높일 필요가 있습니다. STEP 1~6의 강한 버전으로 STEP 7~8도 병용해서 실전으로 응용해보기 바랍니다.

상대가 나를 어떻게 보는지가
모든 것을 결정한다

아무리 이해를 구해도
상대는 바뀌지 않는다

2장에서 설명할 8가지 단계는 약하고 민폐를 끼치는 존재로 간주된 당신이 상대와 다투지 않고 그의 공격을 멈추게 하는 방법입니다.

당신을 항상 공격하는 것은 직장 상사입니까? 남편입니까? 아니면 친구입니까?

그게 누구든지 당신과 어느 정도 가까운 존재일 겁니다. 엄밀히 말해 서로 신뢰관계나 친절함으로 대해야 할 대상이지만 항상 공격받는 탓에 당신은 심각한 상처를 입었을 겁니다. 어쩌면 가까운 존재이기 때문에 상대가 자신을 이해해주길 내심 바라고 있을지도 모릅니다.

하지만 당신이 항상 공격당하고 있다면 상대에게 아무리 이해를 구해도 별다른 효과가 있을 리 만무합니다. 이런 관계는 이미 이해의 범주를 벗어났기 때문이지요. 당신이 항상 공격당하는 것은 상대가 당신을 약한 존재라거나 민폐를 끼치는 존재로 간주했기 때문입니다.

즉 상대는 당신이 말하는 것을 이해할 수 없어서 당신을 공격하는 것이 아닙니다. 단지 '약한 당신'을 이해할 필요가 없으며 '민폐를 끼치는 당신'을 이해하기 싫어할 뿐입니다. 부조리하게도 공격을 전제로 한 관계가 되어버린 겁니다. 그런 상황 속에서 이해를 구하는 행위는 상대가 봤을 때 민폐성이 부각되어 새로운 공격의 이유가 될 뿐입니다.

이해받고 싶다는 마음을
내려놓아야 한다

이해받고 싶다는 생각을 바꿔봅시다. 항상 공격당하는 경우, 공격 여부를 결정하는 것은 상대의 이해가 아니라 그의 생각입니다. 상대가 당신을 어떤 존재로 보느냐에 따라 공격 여부가 정해진다는 말입니다.

계속되는 공격을 멈추고 싶나요? 그렇다면 이해받고 싶다는 갈망과 '어떻게 하면 이해받을 수 있을까' 하는 고민에서 벗어나는 것이 좋습니다.

현재 가장 중요한 것은 상대에게 공격해도 상관없는 사람이 되지 않는 겁니다. 이는 상대에게 나는 약하거나 민폐를 끼치는 존재가 아니라는 사실을 각인시키는 겁니다.

이런 시도가 성공한다면 당신을 향한 상대의 공격은 점차 줄어들다가 언젠가는 완전히 멈출 겁니다. 이를 위해 다음의 방법을 반드시 명심하세요.

현재 가장 중요한 것은 상대에게 공격해도
상관없는 사람이 되지 않는 겁니다.
이는 상대에게 나는 약하거나 민폐를 끼치는 존재가 아니라는
사실을 각인시키는 겁니다.

공격을 피하면서
싸우지 않는 것이 중요하다

이 책에서 전하고자 하는 바는 상대와 싸우거나 상대를 애써 이기는 방법이 아닙니다. 또한 상대의 공격을 당장 멈추게 만드는 요술 같은 방법도 아닙니다. 상대의 눈에 비치는 자신의 모습을 바꿔나가면서 상대의 공격 욕구를 서서히 시들게 하는 방법입니다.

당신이 약하고 민폐만 끼치는 존재가 아니라는 사실을 상대가 인식하게 만들어야 합니다. 그러려면 의도적이고 전략적으로 상대가 공격을 할 이유와 공격에 필요한 힘을 시들게 만들어야 하지요.

물론 일상적으로 지독한 공격을 견뎌가며 상대에게 무시당하고 있었다면 싸우는 일 자체가 어려울지도 모릅니다. 하지만 안심하세요. 이제부터 소개하는 실전 노하우는 당신이 싸우지 않고도 상대의 공격을 멈추게 할 수 있는 방법입니다.

먼저 평화를
구축해야 한다

사랑과 평화 중에서
평화가 먼저다

사랑과 평화는 늘 하나로 묶여 거론되는 경향이 있습니다. 하지만 그중에서 우선해야 할 것은 평화입니다.

국제관계에서도 두 나라 간에 평화가 성립되지 않으면 양국의 국민들도 서로 사랑할 수 없습니다. 제일 중요한 것은 전쟁을 피하는 것이고, 그렇게 해서 평화로운 관계가 형성되기 시작하면 상대국에 대한 애정이라는 감정이 싹트기 마련입니다. 평화롭지는 않지만 애정이 있다거나, 평화로운 관계는 아니어도 사랑받고 싶다는 것은 아무리 긍정적으로 생각해도 어려운 일입니다.

이보다 모순적인 것이 항상 공격하고 공격당하는 인간관계입니다. 남편에게 늘 공격당하면서도 아내는 "남편을 사랑하고 사랑받고 있다"고 말합니다. 직장 상사에게 항상 당하면서도 부하직원은 상사를 존경하고 그에게 인정받고 싶어 합니다.

옆에서 보면 이상하기 짝이 없지만 언제나 공격당하는 사람에게는 이러한 심리가 작용합니다. 당신에게도 이와 비슷한 경험이 있지는 않습니까?

하지만 이와 같은 '평화롭지는 않지만 사랑하고 있고, 또한 사랑받고 싶다'는 모순된 상황이 장기간 계속되면 결국 누구라도 몸과 마음이 무너져버리게 됩니다. 그래서 저는 일단 사랑에 관한 문제는 보류해두고 상대와 평화를 구축하는 방법을 여러분께 전달하고자 합니다.

상대는 대화로
소통할 수 있는 사람이 아니다

세상에는 처음부터 사랑과 평화가 양립하는 행복한 관계로 맺어진 사람도 많습니다. 모두가 진심으로 그렇게 되기를 원하지요. 그런 심정은 마음이 아플 정도로 이해하지만 현실로 돌아와 항상 공격당하는 당신을 떠올려야 합니다.

애정 문제를 늘 우선적으로 하려 했던 결과가 이런 모습으로 나타났다고 해도 과언이 아닙니다. 슬픈 일이지만 항상 공격당하는 상황에서 상대에게 애정을 구해도 사태는 호전되지 않습니다. 심신의 안정을 위해 먼저 평화적인 관계를 만들어가야 합니다.

공격이 줄어들면
편하게 살아갈 수 있다

앞서 언급한 바와 같이 감정은 상황에 따라옵니다. 공격이 줄고 평화가 찾아오면 애정이라는 감정도 뒤따라올 수 있습니다. 물론 너무나 평온한 상태가 지속되어 애정이 싹트지 않을 가능성도 있습니다.

하지만 언제나 공격당하는 상황이 바뀌면 지금보다 훨씬 편안하게 지낼 수 있을 겁니다. 평화로운 정상적인 생활의 바탕이 마련되면 인생의 전망도 일순간에 밝아져 자신이 하고 싶었던 일도 순조롭게 진행할 수 있게 됩니다. 실제로 그런 경우를 많이 보았습니다.

누구나 사랑과 평화를 전부 얻을 수 있는 것은 아닙니다. 때로는 사랑이나 평화 중에서 하나를 버려야 하는 상황도 있습니다. 안타까운 일이지만 공격의 대상이 되었다면 망설임 없이 먼저 사랑보다는 평화를 선택해야 합니다. 그런 선택이 무엇보다도 소중한 당신을 지켜줄 테니까요.

본보기를 세워서
흉내를 낸다

떠오르는 인물을 그리면서
실천해나가면 효과적이다

앞으로 설명할 8가지의 단계에서는 '무엇을 할 것인가' 하는 행동 지침을 단계마다 자세하게 전달하겠습니다. 쓰인 대로 실천한다면 상대의 공격 욕구가 확실히 꺾일 겁니다.

각 지침 사항이 세부적이니만큼 전체를 총망라해 떠오르는 인물을 그리면서 읽다 보면 더욱 쉽게 실천할 수 있습니다. 친척이나 직장 등에서 만날 수 있는 주변 인물, 연예인이나 드라마의 등장인물이어도 상관없습니다.

어떤 사람이든 도저히 공격당할 것 같지 않은 사람을 떠올리면 됩니다. 실제의 모습이 어떻든지, 실존 인물이든 아니든 아무래도 좋습니다. 중요한 것은 방금 말한 바와 같이 '공격당하지 않을 것 같다'는 점입니다.

상대에게 비치는 나의 인상을
바꾸는 것이 핵심이다

그렇다고 너무 씩씩한 나머지 한눈에 봐도 아주 드세 보이는 사람을 선택하지는 말아야 합니다. 이 문제는 오해하기 쉬운 것이니 잘 이해해야 합니다.

너무 드세 보인다는 이유만으로 상대에게 공격적인 인상을 줄 염려가 있습니다. 그렇게 되면 역효과로 상대의 공격이 강해지는 위험이 있으니 주의해야 합니다.

요점은 '무표정' '차분함' '감정기복이 없다'는 것인데, 하나하나

EVERYTHING IS A CHOICE

공격의 대상이 되었다면
망설임 없이 먼저 사랑보다는 평화를 선택해야 합니다.
그런 선택이 무엇보다도 소중한 당신을 지켜줄 테니까요.

어울리는 본보기의 이미지를 찾아보기 바랍니다. 이미지가 떠오르면 그때마다 머릿속에 '이럴 경우에는 어떻게 한다'라고 생각하는 대신 '이 사람이라면 어떻게 할까'라고 그 인물이 움직이는 영상을 그리면서 행동으로 옮기기 바랍니다.

이 책에서 제시하는 해결책은 상대에게 비치는 나의 인상을 바꿔가는 겁니다. 다시 말해 상대에게 나의 이미지를 바꿔야 한다는 겁니다.

따라서 본보기로 삼은 인물의 행동을 영상화해서 흉내를 내는 것이 효과적입니다. 그런 인물을 '연기'하다 보면 내 이미지를 자연스럽게 바꿀 수가 있습니다. 먼저 머릿속으로 이해하고 감각으로 받아들이면 자연히 행동으로 옮겨집니다.

모든 변화는
가능한 한 천천히 한다

그 어떤 변화도
갑자기 불러일으켜서는 안 된다

앞서 여러 번 말했듯이, 상대가 항상 당신을 공격하는 데는 이유가 있습니다. 그것은 당신이 약하고 민폐를 끼치며 언제라도 공격해도 상관없는 존재라고 인식하고 있기 때문입니다.

따라서 상대의 공격을 멈추게 하려면 상대의 머릿속에 있는 당신의 설정을 바꿀 필요가 있습니다. 그런데 여기에서 한 가지 주의해야 할 사항이 있습니다.

어떤 변화도 갑자기 불러일으켜서는 안 된다는 겁니다. 성공의 열쇠는 모든 변화를 가능한 한 천천히 가져와야 마침내 얻을 수 있습니다.

요즘 화면의 일부분이 서서히 변하는 문제를 맞히는 TV 퀴즈 프로그램이 인기입니다. 너무 천천히 바뀌는 탓에 출연자들이 눈치채지 못하는 것이 특징입니다.

모든 변화를 가능한 한 천천히 불러와야 한다는 점에서 당신의 대처는 이와 비슷합니다. 상대가 위화감을 느끼지 않을 정도로 아주 조금씩 바꿔야 합니다.

갑작스러운 변화는
역효과를 불러온다

공격을 멈추게 하려면 어째서 가능한 한 천천히 변해야 하는 것인지 이유를 살펴봐야 합니다. 급격한 변화는 상대에게 해롭다고 인식될 위험성이 크기 때문입니다.

반복해서 강조하지만, 상대가 당신을 언제든 공격해도 상관없는 존재로 여기는 것은 당신을 약하고 민폐를 끼치는 사람으로 생각해서입니다. 공격을 해도 반격을 하지 않을 것이고, 반격을 해도 무섭지 않다고 무시하는 겁니다.

그런데 당신이 갑자기 바뀌면 상대에게는 그 변화 자체가 마치 반격의 신호탄을 쏘아올린 것처럼 보일 수 있습니다. 그러면 '약한 주제에 반격해 왔다' '나는 잘못한 것이 없다' 등으로 생각합니다. 이렇게 되면 상대는 피해자 노릇을 하면서 공격을 강화하는 구실을 얻게 됩니다.

이쯤 되면 상대를 향한 증오가 끓어오르는 사람이 생길지도 모르겠습니다. 하지만 '비법 4'에서 얘기한 것처럼 먼저 당신이 우선해야 하는 것은 평화를 구축하는 겁니다.

이 후에 설명할 해결책은 상대와 싸우는 비결도, 이기는 비결도 아닙니다. 싸우지 않고 상황을 바꾸려면 먼저 상대에 대한 감정을 차단해야 합니다.

그리고 어디까지나 상대가 어떻게 나오는지 살펴본 다음, 가능한 한 천천히 바뀌어야 합니다. 상대가 설정한 나의 인상을 차근차근 바꿔가다 보면 어느덧 상대의 공격 욕구를 꺾어버리는 것이 바로 이 책이 도달하고자 하는 목표입니다.

지금까지의 대략적인 내용을 살펴본 만큼, 이제부터는 구체적인 단계를 하나하나 소개하도록 하겠습니다.

°

2장

상대의 공격성을 잠재우는
3가지 요령

나쁜 사람이 되어
상대를 대하다

나쁜 사람으로 변신하면
상처받지 않는다

나에게 항상 공격을 일삼는 사람에게 적절히 대처하기 위해서는 스스로 '나쁜 사람'이 되어 상대방을 대해야 합니다. 그렇다고 나쁜 짓을 하라는 의미는 아닙니다. 상대방에게 나쁜 사람처럼 대하라 는 겁니다. 즉 자신이 나쁜 사람이라는 의식을 하면서 상대를 만나 야 한다는 뜻입니다.

1장에서 보았듯이 공격적인 상대는 당신을 '약한 사람' 혹은 '민폐를 끼치는 사람'으로 간주해서 그렇게 행동합니다. 그 이유는 항상 당신이 잘못한 것으로 돌립니다. 이렇게 되면 당신은 제멋대로인 상대방의 생각에 따라 늘 상처받는 처지에 놓이게 됩니다.

그렇다면 당신이 왜 '네가 잘못했다'는 말을 듣고 상처받는지 지금부터 하나하나 되짚어보도록 합시다.

좋은 사람 노릇을 멈추고 나쁜 사람이 되자

심한 말로 질책을 받아서 정신적인 고통을 느낀 경우도 있지만 따져보면 '내가 부족한 탓'이라는 생각으로 괴로워하고 있지는 않은지요? 더 나아가 나의 부족한 점을 자책하며 상처받고 있지는 않는지요?

이런 괴로움과 자책이 드는 것은 당신의 마음속에 뭐든 잘하는 사람이 되어야 한다는 생각이 있기 때문입니다. 따라서 "네가 잘못했다"는 질책을 받으면 부족한 자신이 나쁘다고 생각해서 스스로를 원망하며 상처를 받는 겁니다.

그러니 뭐든 잘하는 사람, 매사에 좋은 사람이 되어야 한다는 생각을 버리세요. 다시 말해 '나는 좋은 사람이 아니다' '나에게도 당연히 나쁜 면이 있다'는 점을 의식하면 쓸데없이 상처받는 일은 사라질 겁니다.

나쁜 사람이 되면
죄책감도 생기지 않는다

나쁜 사람이 되라는 것은 단순히 좋은 사람이라는 의식에서 벗어나 상처받지 않으려는 이유에서만은 아닙니다. 나쁜 사람이 되어 상대를 대하고자 하는 의식에 모든 노력을 집중하면서 실천하는 것이 언제나 공격당하는 상황을 평화로운 관계로 전환시키는 데 중요한 열쇠가 됩니다.

당신을 약하다거나 민폐를 끼친다고 생각한 나머지, 어떤 이유를 만들어서라도 공격을 하는 상대의 수법은 참으로 교묘하기까지 합니다. 하지만 본인은 그런 자각을 거의 하지 못합니다.

논리를 따져 상대의 공격을 멈추게 하려 해도 통하지 않습니다. 그러므로 이해를 시키려 할 것이 아니라 상대에게 약하거나 민폐를 끼치지 않는 사람으로 보일 필요가 있습니다.

그렇다면 이렇게 유지하는 것과 나쁜 사람이 되어 상대를 대하는 것은 어떤 관련이 있을까요? 당신은 앞으로 상대와의 관계 속에서 평화롭고 싶다는 생각만 하면 됩니다. 그 이외의 감정은 전부 방해가 될 뿐입니다.

이것은 감정을 일부러 없애라는 것이 아니라 감정을 보이는 것이 평화로운 관계 설정에 방해가 된다는 의미입니다. 평화를 구축한다는 것은 유능한 외교관이 임무를 수행하는 일과 같습니다. 감정적이지 않고 지극히 냉철한 마음을 지닌 채 단계를 밟아나갈 필요가 있습니다.

이 책에서 각 단계마다 제시하는 주변 사람에 대한 태도나 행동은 사실 성실하지도, 친절하지도 않은 것들입니다. 그때마다 죄책감을 가질지도 모르지만 어쨌든 냉철하게 실천해야 합니다.

이 방법이 더욱 효과를 보려면 나쁜 사람이 되어 상대를 대하려는 생각을 해야 합니다. 상대에게 자신이 나쁜 사람이라는 의식을 가지고 행동하면 '이런 대응을 하면 안 되는데' '불쌍하다'는 생각이

들지 않습니다.

차차 설명하겠지만 모든 단계에서 스스로가 나쁜 사람이라는 의식을 가지고 실천하면 상대는 당신이 무엇을 생각하는지 알 수 없어서 까닭 모를 두려움을 느끼게 됩니다. 이것이야말로 이 책에서 주장하고 싶은 '싸우지 않고 이기는 방법'입니다.

'나쁜 사람'은 이 책에서 제시하는 해결책 전체를 관통하는 키워드입니다. 모든 단계에서 나는 나쁜 사람이라는 의식을 가지고 행동해야 한다는 것을 명심하기 바랍니다. 그 효과와 중요성은 단계를 밟아나갈 때마다 더욱 구체적으로 이해할 수 있을 겁니다.

나쁜 사람이라는 의식은 마음속으로만 간직한다

나쁜 사람처럼 타인을 대하는 것이 나쁜 짓을 하라는 의미는 아니라고 앞서 얘기했습니다. 어디까지나 나는 나쁜 사람이라는 의식을 가지고 상대방을 대하라는 것이지, 나쁜 행동을 하라는 것은 결코 아닙니다.

또한 나쁜 사람 같은 분위기를 만들라는 얘기도 아닙니다. 상대에게 보이는 행동이나 태도가 아닌 자신의 마음속으로만 나쁜 사람이라는 의식을 가지라는 뜻입니다.

이런 의식을 다지는 목적은 쉽게 상처받지 않고, 다음 단계에서 죄책감을 갖지 않고 끝까지 수행하기 위해서입니다. 자신을 지키면서 상대의 공격 욕구를 사그라지게 만드는 해결책을 끝까지 관철하기 위해 나쁜 사람이라는 의식을 가질 필요가 있습니다.

그 점을 혼동해서 만일 진짜 나쁜 짓을 한다면 어떻게 될까요? 예를 들어 남편이 싫어하는 음식으로 저녁밥을 차리고 빨랫감을 며칠씩 쌓아두거나 직장 상사나 동료에게 투덜대며 일을 한다고 가정합시다.

그 순간은 '드디어 해냈다'는 기분에 후련할지도 모릅니다. 하지만 이러한 행위나 태도로 상대의 눈에 비친 당신의 민폐성은 몇 배로 증가할 겁니다. 이것이야말로 정정당당하게 당신을 공격할 수 있는 근거를 마련해주는 밑거름이 되어 완전히 역효과를 불러일으킬 뿐입니다.

저에게 상담 받는 사람들 중에서도 "나쁜 사람이 되어 상대를 대하세요"라고 말하면 갑자기 기세등등해져서 '그렇다면 그 인간에게

당신은 앞으로 상대와의 관계 속에서
평화롭고 싶다는 생각만 하면 됩니다.
그 이외의 감정은 전부 방해가 될 뿐입니다.

어떤 지독한 짓을 해볼까'라고 벼르는 사람도 적지 않습니다. 하지만 그렇게 하면 안 됩니다.

그러한 착각에 빠져 자신을 더욱 궁지에 몰아넣지 않도록, 어디까지나 마음속으로만 나쁜 사람이라는 의식을 지니는 것이라고 자신을 일깨워야 합니다. 특히 아직 익숙하지 않은 첫 단계에서 각별히 주의해야 할 사항입니다.

의식적으로 고상하고 세련되게
행동해야 한다

스스로 나쁜 사람이라 의식하는 것은 당신이 약하거나 민폐를 끼치는 사람이라는 상대의 생각을 바꾸는 데 꼭 필요한 마음속 토대입니다. '상대 앞에서 무엇을 하든지 나쁜 사람으로서 대한다', 이것만큼은 철저하게 지킬 필요가 있습니다. 감각으로 익혀두면 실천하기가 더 쉬워질 겁니다.

여성이라면 '고상한 악인'을, 남성이라면 '세련된 악인'을 상상해보면 어울릴 것 같습니다. 고상한 사람이나 세련된 사람을 떠올리기 바랍니다. 사람마다 각각 다른 인상을 떠올릴 수도 있지만 적어도 약하거나 민폐를 끼치는 사람을 떠올리지는 않겠지요.

'적대적인 행동과 태도를 보이지 않고 대응은 늘 예의바르고 빈틈이 없는 사람, 그런데도 누구에게도 종속되지 않고 확고한 자신감을 지닌 사람, 감정을 드러내지 않기 때문에 속으로 무엇을 느끼고 생각하는지 짐작하기 어려운 사람.' 이것은 상황을 바꿔서 평화를 얻어내고자 하는 이 책이 목표로 하는 이상적인 당신의 인물상입니다.

나쁜 사람이라는 의식을 마음속에 지닌 채 겉으로는 예의바르고 온화한 사람, 그렇기 때문에 속내를 들키지 않는 내적인 강함과 왠지 모를 두려움을 자아내고 공격 욕구를 꺾는 느낌의 사람을 뜻합니다. 그러한 인물상을 하나의 인상으로 그리면 여성은 고상한 악인이, 남성은 세련된 악인이 딱 들어맞습니다.

아직은 이해하기 어려울지 모르겠습니다. 하지만 각 단계를 짚어가다 보면 알 수 있을 것입니다. 그러니 지금은 일단 '고상하고 세련됨'이라는 키워드를 머릿속에 저장해두었으면 합니다.

나를 지키기 위해 의식적으로
나는 나쁜 사람이라고 생각한다

STEP 2부터는 이제 당신은 성실하지도 친절하지도 않은 사람이 되어야 합니다.

사실 상대에게 무관심하게 대하거나 반응을 잘 보이지 않고 말수를 줄이거나 거리를 두는 것 등은 사실 건전한 인간관계에서는 있을 수 없는 행동이겠지요. 좋은 사람일수록 강한 저항감을 느낄지도 모르겠습니다. 다시 말해 그 정도로 하지 않으면 안 될 만큼 당신이 처한 상황은 좋지 않습니다.

안타까운 말이지만, 항상 공격당하는 상황에 처해있다면, 이미 건전한 인간관계에서 하는 행동이나 태도는 통용되지 않습니다. 있을 수 없는 행동을 하는 것은 상대이므로 당신도 똑같이 하지 않으면 상황은 바뀌지 않습니다. 그러니 자신이 나쁜 사람처럼 상대를 대하는 이유는 '나를 지키기 위해서 일부러 불성실한 행위를 하는 것'이라고 생각해야 합니다.

감정을 숨기고 반응을 잘 보이지 않으며 말수를 줄이는 방법은 더하는 것이 아니라 빼는 대처법입니다. 즉 무언가를 하는 것이 아니라 하지 않는다는 겁니다.

그렇다면 어째서 이 방법을 써야 할까요? 싸움에 서툰 사람이 싸우지 않고 상황을 바꾸려면 이러한 소극적인 방법을 취하는 것 말고는 달리 방도가 없기 때문입니다.

그런데 '나를 지키기 위해서 일부러 불성실한 행위를 하는 것'이라는 의식이 없으면 자가당착에 빠져버립니다. 스스로 단순히 소극적인 행동을 취한 것뿐이라 생각해서 보편적인 행동양식을 어겼다는 죄책감을 느끼게 됩니다. 이래서는 오히려 약함이 더욱 부각될 뿐입니다.

이제부터 적대적인 행동이나 태도는 보이지 말고 그저 불성실하게 행동하기 바랍니다. 물론 이것은 인간으로서 바른 행위는 아닙니다. 하지만 비정상적인 상황을 바꾸기 위해 꼭 필요한 겁니다.

인간으로서 그릇된 행위인가를 따지자는 것이 아닙니다. 자신을 지키기 위해 필요한 모든 조치는 옳은 겁니다. 이것을 어떠한 종류의 업무라고 생각해도 좋습니다. 사랑보다는 평화를 만들어가기 위해서 또한 당신 자신을 위해서 행동하는 일입니다. 그리고 수행해야 하는 일이 있는 이상, 불성실한 일이어도 의식적으로 행하면서 상황을 조절해갈 필요가 있습니다.

나는 결국 무엇을
하고 싶은지 생각해보자

저에게 상담을 하러 오는 사람들 중에는 어떻게 하면 상대를 제압하면서 말할 수 있는지 묻는 이도 있습니다. 아마 여러분도 그런 생각을 한 적이 있을 겁니다.

상대가 미워서 앙갚음해주고 싶다는 기분은 이해할 수 있지만, 제발 그것을 인생의 목표로 삼지는 말기 바랍니다. 제가 말하는 해결책을 가지고 상대를 괴롭힐 수는 없습니다. 이 해결책은 당신이 점차 바뀜으로써 상대의 공격 욕구가 사라지게 만드는 방법이기 때문입니다.

그렇다면 상대의 공격 욕구를 꺾는 것이 인생의 목표가 될 수 있을까요? 그렇지는 않습니다.

지금 당신이 놓인 상황을 다시 냉정하게 생각해보기 바랍니다. 어떤 사람에게 늘 일방적으로 공격당하는 상황입니다. 그리고 그 상황을 바꾸기 위해 스스로 나쁜 사람이라고 의식하면서 이제부터 설명할 단계를 밟아나가야 합니다. 즉 하지 않아도 되는 일을 지금부터 하지 않으면 안 되는 겁니다.

그것을 인생의 목표나 삶의 보람으로 삼는다면 '가장 중요한 당신의 인생은 도대체 무엇이 되는가' 하는 문제가 생깁니다.

지금 나의 목적은
내 인생을 되찾는 것이다

지금부터 해결책을 실천하는 이유는 오직 당신의 인생을 되찾기 위해서입니다. 상대의 공격 욕구를 꺾고 항상 공격해오는 상황을 바꾸는 것은 당신의 인생을 제자리로 돌려놓기 위한 조치인 것입니다.

그러므로 해결책을 실천하면서 '나는 결국 무엇을 하고 싶은가' 라고 항상 생각해야 합니다. 상황을 바꾸는 데서 그치지 말고, 그에 앞서 당신이 목표로 하는 인생에 초점을 맞춰야 합니다. 눈앞의 상황에 대처하면서 조금 먼 미래를 보는 겁니다.

이 책이 제시하는 해결책은 당신이 인생을 살아가는 데 필요한 최소한의 상황을 만드는 것에 지나지 않습니다. 이것은 인생의 목적이 아닌 수단입니다. 전부 다 실천해서 상황을 바꾸고 나서야 비로

소 진정한 당신의 인생이 시작되는 겁니다.

나쁜 사람이라는 의식을 가져야만 하는 이유를 이제는 이해했는지요? 그러면 STEP 2로 넘어가겠습니다.

상대에게 감정을
드러내지 말고 무관심하라

울지 않는다면
원래 그런 새일 뿐이다

당신은 누군가에게 항상 공격당하고 있습니다. 남편이든 직장 상사든 아니면 친구든. 누구든지 당신은 상대에게 어떤 기대를 가지고 있을 겁니다.

- '남편은 아내에게 자상해야 한다.'

- '직장 상사는 애정을 가지고 부하직원을 지도해야 한다.'
- '친구끼리는 서로 배려해야 한다.'

그저 하나의 인간이었던 대상이 남편, 직장 상사, 친구가 되는 순간에 그 속성에 대한 선입견이 작동해 기대감이 생겨납니다.

각오가 필요하겠지만 모든 것을 털어놓고 대화를 나누면서 건전한 관계를 만들고 싶다는 바람을 상대에게 전달해보는 것도 나쁘지는 않습니다. 그렇게 해서 공격이 멈춘다면 이러한 해결책들은 더이상 필요하지 않습니다.

하지만 상대가 당신의 말을 전혀 들어주지 않는다면 그 사람이 원래 그런 사람인 겁니다. 애초에 상대가 당신의 말에 귀를 기울일 사람이 아니라는 전제를 하고 다가서지 않으면 상황을 바꾸기 어렵습니다.

전국시대 무사의 특징을 표현한 유명한 일화가 있습니다. 오다 노부나가는 새가 울지 않으면 죽여버리고, 도요토미 히데요시는 온갖 방법을 써서 울게 만들고, 도쿠가와 이에야스는 울 때까지 기다린다는 이야기입니다. 그런 식으로 해석해보면 현재의 당신에게 필요한 것은 '울지 않으면 원래 그런 새일 뿐'이라고 생각하는 겁니다.

자신을 지키기 위해
필요한 모든 조치는 옳은 겁니다.

언제나 공격당하는 현실을 외면하지 말기 바랍니다. 이미 당신의 기대는 외면당했고, 상대가 당신의 말에 귀 기울일 가능성은 없습니다. 그것은 당신의 주장이나 요구로 상대가 바뀔 일은 어쩌면 영원히 없다는 얘기이기도 합니다.

그렇다면 상대를 바꾸려 들지 말고 상황을 바꿔야 합니다. 때문에 아내로서, 부하직원으로서, 또는 친구로서 상대에게 품은 기대는 일단 접어둘 필요가 있습니다. 상대는 변하지 않는다는 전제 하에서 상황을 바꾸기 위한 행동을 해야 합니다.

'울지 않는 새를 억지로 울게 하지 않는다. 그렇다고 언젠가 기대에 응해줄 것이라고 기다리지도 않는다. 단지 그런 새일 뿐이고, 그런 사람일 뿐이다.' 이런 초연함으로 상대를 마주해야 합니다.

증오, 인정 욕구, 죄책감은
방해가 된다

항상 공격당하는 상황을 바꾸는 데 당신의 감정은 방해가 됩니다. 이런 말을 들으면 저항감을 느끼는 사람이 많겠지만 당신이 감정을 드러내는 것은 상대에게는 약하거나 민폐를 부각시키는 결과를 낳고 맙니다. 그중에서 많은 사람들이 갖고 있으며 더더욱 방해가 되는 감정이 바로 '증오'와 '인정 욕구'와 '죄책감'입니다.

항상 공격당한다면 누구라도 상처를 받습니다. 그 원인을 만드는 상대에게 미워하는 마음이 드는 것은 사람으로서 당연한 일이겠지요.

그리고 공격당할수록 인정받고 싶은 마음이 더욱 강해지는 것은 아주 흔한 일입니다. 상대는 공격의 정당성을 얻기 위해 당신의 약점을 교묘하게 파고듭니다. 그 기술에 말려들면 자신이 마치 무능한 사람처럼 느껴지고, 더욱 노력해서 인정을 받으려는 마음이 간절해집니다.

세 번째인 죄책감은 인정 욕구와 비슷합니다. 상대는 자신이 나쁜 사람이 되지 않으려고 이유를 조작해서 당신을 공격합니다. 따라서 '이렇게 화나게 만든 내가 나빴다'고 생각하게 됩니다.

이는 익숙한 감정이지만 실은 평화를 만드는 과정을 방해하는 중요한 요소입니다. 앞서 평화를 만드는 것은 업무를 수행하는 것과 같다고 얘기한 적이 있습니다. 평화를 구축하려 할 때 상대국의 외교관에게 증오와 인정 욕구, 죄책감 따위의 감정을 느낀다면 절대로 일을 진행할 수 없을 겁니다. 유능한 외교관이 그렇듯이 평화를 만들어가는 데 냉철한 업무의식은 빼놓을 수 없는 요소입니다.

그냥 참는 것이 아니라 무관심해진다

다만 착각하지 말아야 할 것은 감정이 방해가 된다는 이유로 무조건 참아야 한다는 의미는 아니라는 점입니다. 참고 견디는 것이 아니라 무관심해질 필요가 있다는 겁니다. 즉 방해가 되는 감정을 참는 것이 아니라 방해가 되는 감정을 애초에 느끼지 않도록 상대에게 무관심해질 필요가 있습니다.

본래 증오도, 인정 욕구도, 죄책감도 상대에게 큰 관심이 있기 때문에 생기는 감정입니다. 즉 상대에 대한 관심이 있어서 미워하면서도 인정받고 싶고 죄책감이 싹트는 겁니다. 이런 감정들이 발생하는 원천이 되는 관심을 없애면 평화를 만드는 과정은 순조롭게 진행됩니다.

상대에 대한 무관심은
존재에 대한 냉정함이다

다만 어디까지나 상대의 존재에 대해서만 무관심해져야 합니다. 상대의 공격에 대한 관심까지 없애면 그만큼 무감정한 상태가 되어 힘들게 참고 견디는 처지가 되고 맙니다. 오히려 더 공격하도록 허락해버리는 정반대의 결과를 불러일으키게 되는 겁니다.

조금 엉뚱한 얘기겠지만 아무 자동차나 떠올려보기 바랍니다. 아마 당신은 그 자동차에는 별로 관심이 없겠지요. 하지만 이 자동차가 당신을 향해서 돌진한다면 무관심한 상태로 있을 수는 없을 겁니다. 상대의 존재에 무관심해져도 상대의 공격에는 무관심할 수 없다는 말입니다.

냉정하게 말하자면, 상대가 어떻든 상관없습니다. 하지만 상대가 당신에게 해를 가하는 부분에 대해서는 냉철하게 대처해야 합니다. 그런 의식을 가져야 자연스럽게 평화를 만들어갈 수 있습니다. 바꿔 말하면, 이것은 상대의 존재에 대해 진심으로 냉정해져야 한다는 의미입니다.

상담자에게 남편에 대한 관심을 줄이라고 말하면 대부분 이미

관심이 없어요"라고 대답합니다. 하지만 이어서 "빨리 죽었으면 좋겠다고 생각하고 있으니까요"라고 말하는 경우가 많습니다. 언제 죽든 백 살까지 살든 상관없다면 무관심한 경우이겠으나 빨리 죽었으면 좋겠다는 말은 매우 강한 증오의 표현입니다. 무관심하기는 커녕 보통의 부부관계보다 더욱 관심이 높은 겁니다.

무관심하다는 것은 상대의 존재에 대해 진심으로 냉정한 상태가 되는 겁니다. 이렇게 생각하면 착각에 빠지지 않습니다. 이 상태가 되면 상대와의 관계에서 감정이 요동치는 일이 점차 사라집니다.

당신의 감정을 모두 없애라는 말은 아닙니다. 항상 공격을 해오는 사람에 대한 감정만 없애면 다음 단계를 실천하는 동안 진정한 내 인생을 살아가기 위한 평화가 구축됩니다.

왠지 모르게 두려운 사람이 가장 무섭다

모든 일은 원인과 결과로 파악하지 않으면 제대로 대처할 수 없습니다. 항상 공격해오는 사람을 파악하는 것이 중요하듯이 내가 이것만 하면 또는 하지 않으면 얼마나 공격을 해오는지도 파악해둬야 합니다. 상대의 존재에는 무관심하게 냉정함을 유지하면서도 상대의 공격에는 관심을 가지고 잘 관찰해야 한다는 말입니다.

제게 상담하러 오는 사람들은 자주 "왠지 두려워요"라고 말합니다. 다시 말해 자신의 행동이나 태도와 상대의 공격 간에 인과관계를 알지 못하기 때문에 왠지 모르게 두려운 겁니다. 사실은 이것이 가장 두렵기 때문에 선택지가 더욱 줄어들게 됩니다.

이는 지뢰가 어디에 묻혀 있는지 알지 못하면 몸을 움직일 수 없는 것과 마찬가지입니다. 하지만 어느 정도의 상태에서 어느 정도로 공격당한다는 것을 가늠할 수 있으면 취할 수 있는 행동이나 태도의 선택지가 늘어납니다.

인과관계를 이해하는 것이 중요하다고 말하는 이유는 '이 정도면 괜찮다'는 선택지의 폭을 넓히기 위해서입니다. 절대 인과관계의 원인을 없애기 위해서가 아닙니다.

이제부터 상대의 존재에는 진심으로 냉정함을 유지하면서 상대의 공격 욕구를 꺾는 단계를 살펴보도록 합시다.

그동안 행동이나 태도에 관한 지침을 자세하게 언급했는데, 사람 간의 일이니만큼 상대가 어떻게 나오는지에 따라 강약을 조절하며 실천해갈 필요가 있습니다. 따라서 먼저 자신의 행동이나 태도와 상대의 공격 간의 원인관계를 파악해두는 것이 보다 순조롭게 다음 단계를 밟아나갈 수 있는 열쇠가 됩니다.

나의 인격이 아닌
관계 방식을 바꾼다

인간관계는 각각 다른 인격을 가진 사람간의 일입니다. 당연한 얘기지만 실은 많은 사람들이 혼동하는 지점이 바로 여기에 있습니다. 사람은 인격을 보고 타인과 관계를 맺는 것이 아니라 단순히 언어나 태도를 보고 관계를 맺는다는 점입니다.

인격과 관계의 방식은 같지 않으며 명확하게 나눠서 생각해야 합니다. 언제나 상대에게 공격당하는 상황을 바꾸려면 특히 이런 사고방식이 중요합니다.

당신은 상대가 공격을 해올 때 자신의 인격이 부정당하는 기분을 느끼지 않았는지요? 하지만 사실 상대가 분노하는 진짜 이유는 당신과의 관계 방식에 있습니다.

이 방식에는 인격이 드러나기 때문에 관계의 부정은 인격의 부정과 마찬가지라고 생각할 수도 있습니다. 하지만 사실은 그렇지 않습니다.

진정한 나의 인격은
아무도 알 수 없다

왜냐하면 당신의 인격을 사실 아무도 알 수 없기 때문입니다. 인격은 당신 안에만 있는 것이고, 표면에는 어디까지나 언어와 태도라는 관계의 방식만 드러날 뿐입니다.

때로는 인격을 부정하는 것 같은 말을 들을 때도 있겠지요. 하지만 그것조차도 상대가 당신의 관계 방식에서 제멋대로 인격을 추측해 비난하고 있을 뿐입니다. 엄밀히 말해 이때 상대가 꾸짖고 있는 것은 관계의 방식입니다.

무슨 말인지 이해할 수 있나요? 이는 아무리 심한 공격을 받아도 당신의 인격은 조금도 상하지 않는다는 의미입니다.

그리고 상대의 공격을 멈추기 위해 당신의 인격을 바꿀 필요도 전혀 없습니다. 이제부터 해야 할 일은 인격은 숨기고 상대와의 관계 방식을 공격당하지 않는 것으로 바꿔가는 일입니다. 이러한 과정에서 당신의 인격은 그대로 지켜질 겁니다.

관계 방식과 공격 욕구가 결합되어 불행한 조화가 탄생한다

당신이 공격을 당할 만한 인격이어서 당하는 것이므로 공격을 멈추려면 인격을 바꿔야만 한다고 하면, 그것은 대단히 괴로운 일이 될 겁니다. 인격을 바꾸는 것 자체가 무리라고 표현하는 편이 정확하겠지요.

하지만 인격은 감추고 관계 방식만 바꾸면 되는 것이라고 한다면 어떨까요? 그 정도면 당신도 쉽게 실천할 수 있다고 생각하지는 않았나요?

항상 공격당하는 것은 당신이 나빠서가 아닙니다. 상대방의 분노는 당신의 인격과는 아무런 관련이 없습니다. 다만 당신의 관계 방식 때문에 공격 욕구가 강한 상대가 당신을 공격해도 되는 사람이라 여기게 된 것일 뿐입니다.

요컨대 현재의 상태는 당신의 관계 방식과 상대의 공격 욕구가 결합되어 불행한 조화를 이룬 탓에 부조리한 상황이 일어난 것에 지나지 않습니다. 이 점을 이해한다면 상대를 바꾸려 하지 않고 상황을 바꾸는 것이 어떤 것인지 더욱 명확하게 이해하게 될 겁니다.

사람의 인격은 개별적인 것이고, 교차하는 지점에는 관계 방식만 있을 뿐입니다. 따라서 자신의 관계 방식을 바꾸면 필연적으로 상대의 관계 방식에도 영향을 미치게 됩니다. 이를 정리하자면 다음과 같습니다.

- 인격 : 자신의 인격은 지킨다(숨김). / 상대의 인격에는 관심을 두지 않는다(냉정함).
- 관계 방식 : 약한 존재나 민폐를 끼치는 존재로 보이지 않게 관계 방식을 바꿔간다.
- 결과 : 상대에 따라 당신은 적대적이지 않으면서 매우 강한 속성을 감춘 존재, 민폐를 끼치지 않는 존재가 되면 상대의 공격 욕구가 꺾인다(결과적으로 상대의 관계 방식도 변해감).

제게 상담하러 오는 사람들은 자주 "왠지 두려워요"라고 말합니다.
다시 말해 자신의 행동이나 태도와 상대의 공격 간에
인과관계를 알지 못하기 때문에 왠지 모르게 두려운 겁니다.

보는 바와 같이 당신과 상대의 인격에는 손댄 부분이 일절 없습니다. 또한 상대의 관계 방식에도 일절 손댄 부분이 없습니다. 다만 자신의 상대에 대한 관계 방식을 바꿨을 뿐입니다. 그것만으로 관계성이 크게 바뀌면서 평화가 만들어져갑니다.

이렇게 상대의 공격 욕구는 조금씩 꺾여간다

반복된 얘기지만, 상대는 당신의 관계 방식을 보고 당신을 약하거나 민폐를 끼치는 존재로 간주해서 공격하고 있습니다.

그렇다고 그렇게 간주하는 방식이나 상대의 공격성 자체를 바꾸려고 하는 것은 무모한 일입니다. 상대가 그런 시도 자체를 새로운 해로움으로 인식해 오히려 역효과를 불러올 가능성이 크기 때문입니다.

가장 효과적인 것은 상대가 당신을 공격하는 이유 자체를 없애버리는 겁니다. 약하거나 민폐라고 여기지 않도록 당신의 관계 방식을 바꾸면 됩니다. 그러면 당신의 인격이나 그 인격에서 생긴 감정은 절대 밖으로 드러나지 않습니다.

다만 여기서 주의할 점이 있습니다. 자신을 억눌러서 상대의 공격을 견뎌내려 해서는 안 된다는 겁니다.

여기에서 STEP 1에서 언급한 '나쁜 사람으로서 대한다'는 효과가 나타나기 시작합니다. 참고 견딘다는 것이 아니라 나쁜 사람이라는 의식을 가지고 자신을 감춰두자는 이야기입니다. 그러면 당신은 상대의 눈에 적대적이지 않으면서 한없이 강한 면을 감춘 존재로 비쳐지게 됩니다.

강하다는 것은 약하지 않다는 것, 적대적이지 않다는 것은 해롭지 않다는 겁니다. 다시 말해 나쁜 사람으로서 다음 단계를 실천하는 동안 상대가 약하고 민폐라고 여겼던 부분이 점점 형체를 잃어가는 겁니다. 그 결과 지금까지 제멋대로 말꼬리를 잡고 늘어지고 주먹을 마구 휘둘러대던 상대가 더 이상 그렇게 행동할 수 없는 상황에 놓이게 됩니다.

이렇게 약하거나 민폐여서 공격해도 괜찮은 대상이라는 공격의 근거를 잃으면서 상대는 점차 공격 욕구가 꺾여갑니다. 관계 방식을 바꾸는 것은 이렇듯 자신을 지키면서 앞에 놓인 부조리한 상황을 바꿀 수 있는 방법입니다.

대략 정리해보았지만 지금까지의 내용이 이후로 살펴볼 해결책의 방향과 효과입니다. 구체적인 방법은 차례로 설명할 예정이니 여기에서는 자신의 관계 방식만 바꾸면 된다는 점만 기억하기 바랍니다.

공격적인 상대는 마치 부스럼과도 같다

조금 갑작스러운 예시지만 상대의 존재에 대해 무관심해지려면 상대를 '부스럼'이라고 생각할 필요가 있습니다. 부스럼을 고치는 가장 좋은 방법은 약을 바르는 것이고, 그 다음으로는 손을 대지 않는 겁니다. 대개 신경이 쓰인 나머지 자꾸 만지게 되지만 필요 이상으로 만질수록 악화되는 경향이 있지요.

그와 마찬가지로 항상 공격적인 상대와는 필요 이상의 관계를 만들지 말아야 합니다. 무관심을 기본으로 해서 필요한 때만 필요한 범위 안에서 접하면 됩니다.

적절한 방법을 지금부터 하나씩 설명하도록 하겠습니다. 부스럼을 사랑하는 사람은 없는 것처럼, 그런 존재에게 사랑받고 싶어 하는 사람도 없겠지요. 부스럼에 의존하는 사람도, 보람을 느끼는 사람도 없을 겁니다.

같은 이유로 공격적인 사람을 사랑하거나 사랑받고 싶다고 생각하는 것도 있을 수 없는 일입니다. 그런 사람에게 의존할 수도 없고, 보람도 느낄 수 없습니다. 이것이 바로 무관심한 상태입니다.

부스럼은 적절히 치료하면 모두 완치됩니다. 당신의 세계에 나타난 부스럼도 완치할 수 있다면 좋겠지만 그건 무리겠지요. 상대를 바꾸려고 하면 역효과가 나고, 그렇다고 멀어지려고 해도 마음대로 되지 않습니다.

이런 상황에서 가장 효과적인 것은 상대를 진정시켜서 자신의 기준대로 살아가는 겁니다. 관계 방식만 바꾸면 이것은 충분히 가능합니다. 상대를 완전히 배제할 수는 없지만 상대의 영향력을 최대한 줄이면서 자신의 인생을 살아갈 수 있습니다.

상대의 공격에 대한
반응을 줄이다

진정한 나를
상대에게 보이지 말자

STEP 3은 기초편의 마무리편입니다. 여기에서 설명하는 반응을 줄인다는 것은 먼저 '자신의 감정을 숨긴다'와 '연기한다'는 2가지 의미가 한데 묶여 있습니다.

즉 STEP 2에서 이미 말한 바와 같이 자신의 인격을 숨기고 상대와의 관계 방식을 바꾸는 겁니다. 그렇게 상대에게 약하거나 민폐로 비치는 원인을 근본적으로 차단해야 합니다. 그럴 때 상대의 공격 욕구가 꺾이게 됩니다.

나의 인격은
그대로 두어도 좋다

당신은 어째서 항상 공격당하게 되었다고 생각하나요? 그것은 바로 행동이나 태도를 통해서 진정한 내 모습을 보여주었기 때문입니다. 당신의 그 관계 방식이 상대에게는 약하거나 민폐를 끼치는 사람으로 비쳤기 때문에 공격당했던 겁니다.

그렇다면 해결책은 간단합니다. 당신은 먼저 상대에게 보인 당신의 진정한 모습을 감춰야 합니다.

STEP 2에서 설명했던 것처럼 당신의 인격은 공격당하는 원인이 아니기 때문에 바꿀 필요가 없습니다. 인격은 오히려 지켜야 하는 겁니다. 상대가 절대로 건드리지 못하도록 지켜야 합니다. 그러기 위해서는 자신의 진정한 감정을 상대에게 일체 보이지 않아야 합니다.

반감이 드는 사람도 있겠지만 원래 모든 타인에게 자신의 진정한 감정을 보일 필요는 없습니다. 당신의 솔직한 감정은 그것을 보임으로써 관계가 좋아지는 상대에게만 보이는 것이 좋습니다. 당신을 공격하는 사람한테도 진정한 당신을 계속 내보이면서 자신의 평화를 위협받을 필요는 없습니다.

감정을 보이지 않는다는 것이 참고 견디라는 의미는 아닙니다. 감정을 숨기고 관계 방식을 바꾸라는 겁니다. 감정을 숨김으로써 무엇을 생각하고 있는지 모르는 사람이 되어 상대가 두려움을 느끼는 인상을 줄 수 있으면 그만입니다.

감정을 숨길 때
각별히 주의할 점

STEP 1에서 설명한 '나쁜 사람이 되어 반응을 줄이자'는 내용을 떠올려보기 바랍니다. 나쁜 사람으로서 반응을 줄이는 것은 '정체 불명의 두려움'을 장착하는 것과 같습니다.

아예 감정을 보이면 안 된다는 뜻이 아닙니다. 그렇게 하려다가는 감정을 억누르면서 상대의 공격에도 입을 다물고 견디게 될 겁니다. 공격적인 사람에게 나의 감정을 보일 필요는 없다는 정도로 감정이 보이지 않도록 해야 합니다.

또한 감정을 숨기는 것이 분노나 위협의 신호가 되지 않도록 주의해야 합니다. 분노나 위협의 표현이 언제나 나쁜 것은 아니지만 효과적인 순간에만 분출해야 합니다. 만일 계획도 없이 아무 때나 분노나 위협을 드러내면 당신의 인격이 드러나서 지킬 수 없게 됩니다.

애초에 상대가 당신을 끊임없이 지속적으로 공격하는 것은 당신이 약하고 민폐를 끼친다고 생각해서입니다. 그런데 분노와 위협을 분출하면 상대는 더더욱 그런 생각이 강화되어 공격 욕구가 커지게 될 겁니다.

STEP 2에서도 언급한 것처럼 상대는 부스럼 같은 존재입니다. 당신이 화가 났다고 감정을 드러내면 상대를 자극해서 부스럼을 더욱 악화시키는 꼴이 됩니다. 감정을 숨기는 것이 반대로 분노와 위협의 신호가 되지 않도록 '그래, 이 사람은 부스럼이야'라는 마음으로 상대를 바라보는 것이 좋습니다.

당신이 감정을 보이지 않는다는 것은 바꿔 말해 상대에 대한 반응을 줄이는 겁니다. 반응은 상호적이어서 자신의 반응이 분노와 위협으로 비쳐지지 않도록 줄여나가면 상대의 반응도 당연히 조금씩 줄어갑니다.

그렇게 반응을 줄이면 당신에 대한 관심도 더욱 줄어갑니다. 이렇듯 감정을 능숙하게 숨기면 의사소통 자체가 줄어들기 때문에 상대에게 더 무관심해질 수 있습니다.

자신의 한계를 드러내는 것은 피한다

항상 공격을 해오는 상대를 향해 감정을 표현해서 자신의 한계를 드러내는 행위는 절대 피해야 합니다. 소리 높여 울거나 낙담하거나 크게 기뻐하는 등 감정의 폭을 드러내면 상대에게 당신이 얼마나 감정적으로 흐트러졌는지 알려주는 꼴이 되고 맙니다. 그 한계치를 알면 상대는 당신을 완전히 분석할 수 있게 되어 정체불명의 두려움 따위는 느낄 수 없게 됩니다.

다시 말하지만 당신이 항상 공격당하는 이유 중 하나는 상대가 당신을 약하다고 느끼기 때문입니다. 즉 공격당하지 않으려면 어떤 형태로든 강한 인상을 줄 필요가 있습니다.

당신이 지금까지 계속 공격당한 이유는 당신이 소리를 지르거나 험악한 표정을 지어도 상대에게 그다지 무서워보이지 않았기 때문입니다. 따라서 이제 당신은 소리를 지르거나 험악한 표정을 짓는 것 이외의 방법으로 강한 인상을 만들어 전달해야 합니다.

여기에서 그 구체적인 방법으로 제시하는 것이 바로 정체불명의 두려움입니다.

감정을 보이지 않으면
통제당하지 않는다

그동안 소리를 지르고 험악한 표정을 지어도 상대에게 강한 인상을 주지 못했습니다. 하지만 자신의 감정을 보이지 않으면 의외로 간단히 정체불명의 두려움을 조성할 수 있습니다.

이 해결책으로 반응을 줄이고 당신의 인격을 숨기는 것에는 다음과 같은 2가지의 의미가 있습니다.

첫 번째는 당신의 인격을 상대에게 감춰서 그 자체를 지키기 위해서이고, 다른 하나는 인격을 숨겨서 정체불명의 무서운 분위기를 자아내기 위해서입니다. 그런데 만일 당신이 평소에 소리를 지르거나 낙담하거나 크게 기뻐하는 등 감정의 한계치를 상대에게 보였다면 무엇 하나도 감춰둔 것이 없이 완전히 정체를 드러낸 꼴이 되고 맙니다.

상상해보기 바랍니다. 항상 조용히 웃고 있는 사람은 무엇을 생각하고 있는지 좀처럼 알 수 없습니다. 속마음을 알 수 없어서 심지어 조금 무서운 느낌도 듭니다. 하지만 항상 크게 웃고 있는 사람은 상대에게 '이 사람은 이런 일로 크게 웃는구나' 하고 정보를 내주는 셈입니다.

물론 건전한 인간관계라면 아무런 문제될 것이 없습니다. 하지만 상대가 당신을 항상 공격하는 사람이라면 이러한 이해가 당신의 실질적인 피해로 직결될 것입니다.

'이 녀석의 감정은 이렇게 생기는구나'라는 것이 '이 녀석은 내 통제 아래에 있다'는 인식으로 전환되어 아무리 공격해도 무섭지 않은 약한 사람이라는 생각으로 이어지기 때문입니다.

감정적으로 말하면
반드시 실패한다

심한 공격을 당한 나머지 "다음에도 당신이 똑같은 짓을 하면 집을 나갈 거예요" "회사를 그만두겠습니다"라고 기세 좋게 으름장을 놓을 때도 마찬가지입니다. 사실은 집을 나갈 수도 없으면서 그런 말을 던져버리거나 회사를 그만둘 수도 없으면서 매번 그만둔다고 해봤자 아무 소용이 없습니다.

당신이 정말 실행할 수 있다면 괜찮지만 기세 좋게 내뱉고 막상 실행해야 할 때 하지 못하면 바로 그것이 당신의 한계가 됩니다. 그리고 그때 상대는 당신의 한계를 알아버립니다. '이게 바로 이 녀석의 한계군.'

다른 예로 비위를 맞추는 것도 마찬가지입니다. 그것은 속으로 머리를 조아리는 격입니다. "죄송합니다" "용서해주세요"라며 열심히 용서를 비는 모습에서 역시 상대는 당신의 한계를 가늠하고, 통제 가능하면서 약하고 언제 공격해도 두려울 것이 없는 사람이라고 생각해서 무시하게 됩니다.

상대의 눈에 비친 당신의 약함과 민폐에 대한 인식을 동시에 없애기 위해서는 속마음을 알 수 없는 데서 오는 정체모를 무서움을 만들어내야만 합니다. 부정적이든 긍정적이든 당신은 한계를 파악하기 쉽게 속마음이 그대로 드러나 있는 상태입니다. 그것이 최종적인 목표인 정체불명의 두려움을 조성하는 데 가장 큰 걸림돌이 된다는 점을 명심합시다.

감정은 최대한 담담하게 표현한다

그렇다면 어떻게 해야 상대에게 당신의 한계를 들키지 않을까요? 한계는 당신이 감정을 극단적으로 표현하면 보이는 것이니만큼 그 반대로, 즉 담담하게 하면 됩니다. 상대에 의해 생기는 감정의 동요와 거기서 비롯된 표정의 변화 등 반응을 최대한 낮추는 겁니다.

감정을 일체 보이지 말라는 것이 아니라 어디까지나 최대로 낮추는 것이 중요합니다. 감정의 동요를 전혀 느끼지 못하도록 무표정하게 하라는 뜻이 아닙니다. 이 점에 주의해야 합니다.

무표정도 효과적이라고 생각할지 모르나 그것 역시 상대에게 민폐를 끼친다는 인상을 줄 위험이 있습니다. 사람은 함께 있으면 자연스럽게 서로 반응하게 되어 있습니다. 그래서 부자연스럽게 무표정을 지으면 위화감이 느껴져서 상대는 '이 따위 약한 녀석이 반격의 신호를 보내고 있네'라고 받아들일 가능성이 높습니다. 그러므로 극단적인 표현은 하지 말기 바랍니다.

지나치게 반응하는 것과 동시에 전혀 하지 않는 것도 피해야 할 사항입니다. 상대의 언동에 극단적인 표현을 피하고 인간이 가질 수 있는 최소한의 반응만 하면 상대는 공격을 할 의미를 잃고 맙니다.

감정 표현을 담담하게 하는 이유는 상대가 당신을 완전히 파악하지 못하게 하기 위해서입니다. 상대의 예상대로 반응하지 않는 상황을 만들면 그것이 뭔가 비밀스러운 정체불명의 두려움을 자아내는 첫걸음이 됩니다.

가령 평소에 모두가 있는 곳에서 크게 웃던 사람이 공격적인 사람에게 무슨 말을 듣고 풀이 죽어버리면, 그 간극만큼 상대는 '이 녀석은 이 정도의 일에 이 정도로 정신적 영향을 받는구나' 하면서 통제력을 정비합니다. 따라서 처음부터 크게 웃지 않는 것이 중요합니다.

평소에 감정 표현의 기복을 줄이면 통제 가능하다는 의식을 없앨 수 있습니다. 감정 기복을 누른 가장 알맞은 표정은 다음과 같은

감정을 일체 보이지 말라는 것이 아니라
어디까지나 최대로 낮추는 것이 중요합니다.
감정의 동요를 전혀 느끼지 못하도록
무표정하게 하라는 뜻이 아닙니다.

2가지의 대표적인 예로 들 수 있습니다. 어떤 표정이라도 항상 크거나 작게 하지 않는 중간 정도의 수준이면 됩니다.

상대 앞에서 짓는 평소의 표정

- 크게 소리 내서 웃기 : 하지 않음
- 치아가 보이는 미소 : 원칙적으로 하지 않음
- 치아가 보이지 않는 미소 : 좋음(웃을 때는 원칙적으로 이 표정을 지음)
- 날씨가 좋다는 정도의 온화한 표정 : 좋음(기본 표정으로 함)
- 굳은 얼굴(무표정) : 원칙적으로 하지 않음

(내가 잘못해서) 상대가 화를 낼 때

- 덜덜 떠는 표정 : 하지 않음
- 곤란한 표정 : 반성했다는 인상을 주고 싶을 때
- 무념무상의 표정 : 기본 표정으로 함
- 굳은 얼굴(무표정) : 하지 않음
- 센 척하는 표정 : 하지 않음

요약하면, 항상 공격하는 사람 앞에서는 기쁘거나 슬픈 감정을 극단적으로 표현하지 말라는 얘기입니다.

'미소를 짓는 이상의 웃음은 없지만 웃어야 할 때는 잊지 말고 제대로 웃어주기', 평소에 이 지침을 잘 새겨두면 당신의 마음속 표정을 보이지 않고 정체불명의 두려움이나 강함을 유지할 수 있습니다. 더욱이 결코 적대적인 표정은 아니어서 당신이 민폐를 끼친다는 인상도 주지 않습니다.

반응을 전혀 안 하는 것이 아니라
최소한으로 줄인다

예를 들면 상대의 웃음에 정중하게 미소로 답을 하면 상대는 의외로 작은 반응이라 느껴서 '어라? 왜 이러지?' 하고 생각하게 됩니다. 하지만 완전히 반응을 보이지 않은 것도 아니고 약간이나마 웃은 것도 사실이기 때문에 공격을 할 이유도 없습니다.

만일 무표정을 보였다면 "너 지금 무시하는 거야?"라면서 공격이 시작될지도 모릅니다. 이렇듯 상대의 예상과 조금 다른 반응을

보이는 것, 그 점에서 생기는 작은 의외의 느낌이 점점 상대의 공격
욕구 상실로 이어집니다.

회사처럼 상대와 자신 이외의 사람들이 있는 환경에서는 상대의
시선이 닿는 구역이라면 다른 사람에게도 되도록 큰 반응은 피하
는 것이 좋겠지요. 예를 들어 공격적인 직장 상사에게는 최소한의
반응을 보이면서 다른 사람에게는 크게 웃거나 떠들어댄다면 그 상
사는 더욱 공격의 강도를 높일 겁니다.

이런 경우 어떻게 해야 할까요? 항상 공격을 하는 사람에 대한
반응과 그 외의 사람들에 대한 반응의 차이를 가능한 줄이고, 공
격을 하는 사람의 시선이 닿는 범위에서는 일관되게 반응이 작은
모습으로 연기하면 됩니다. 그것이 민폐라는 인상을 줄이는 방법
입니다.

반응을 줄이는 미묘한 조절은 감각으로 익히기 바랍니다. 당신
의 관계 방식 변화가 자칫 적대 행위로 받아들여지지 않도록 공격
적인 상대에게 반응을 아예 안 하는 것이 아니라 최소한으로 하는
겁니다. 그렇게 상대의 반응을 보면서 조금씩 계속 축적해가야 합
니다.

감정을 최대한 숨기고
담담한 태도로 일관한다

이제까지는 감정과 인격을 감추는 것에 대해 설명했습니다. 반응을 아예 하지 않는 것이 아니라 최소한의 필요한 정도로 줄이는 것이 공격당하지 않는 관계 방식으로 바꿀 수 있는 첫걸음이라는 점은 이미 이해했으리라 생각합니다.

앞서 언급한 얘기지만 당신이 감정을 숨기는 목적은 다음의 2가지입니다.

① 자신의 인격을 지키기 위해서
② 인격을 숨김으로써 무언가 감춘 분위기를 자아내고, 정체불
　명의 두려움을 선사하기 위해서

그러면 지금부터는 항상 공격적인 사람 앞에서 당신이 일상적으로 어떻게 행동해야 하는지 설명하도록 하겠습니다.

한마디로 말하자면, 늘 공격적인 사람에게는 담담한 태도로 일관해야 합니다. 담담한 태도는 상대가 비난하지 않을 정도의 무난

한 반응 범위 내에서 최소한의 흐릿한 태도를 말합니다. 바꿔 말하면 다음과 같습니다.

- 태도가 변함없음
- 반응의 기복이 작음
- 감정 표현의 기복이 작음
- 덜덜 떨거나 쭈뼛거리지 않음
- 상황에 맞게 확실히 미소 짓고 곤란한 표정을 보임
- 개성적인 언행은 하지 않음

앞서 얘기한 무언가를 간직한 분위기나 정체불명의 두려움을 의식하며, 이 점을 일관성 있게 실천하면 됩니다. 그러면 당신이 약하거나 민폐를 끼치는 사람이라는 상대의 인식이 옅어지면서 공격당하지 않게 됩니다.

이 내용을 이해하기 어려운 사람은 STEP 1에서 설명했듯이 여성이라면 고상한 악인을, 남성이라면 세련된 악인을 떠올리기 바랍니다.

최소한이라는 점에
각별히 주의하자

매일매일 최소한 해야 할 일을 차분하게 해나가야 합니다. 해야 할 정도는 반드시 지키고, 그 이상의 자극을 주는 행동은 의식적으로 피해야 합니다.

이제부터 직장을 예로 들어 항상 공격적인 동료나 상사를 대하는 구체적인 행동의 예를 들겠습니다. 자신의 상황에 맞는지 살펴보고 활용해보기 바랍니다.

사적인 대화는 하지 않습니다. 다만 인사는 매일 상냥하게 합니다. 두 사람만 있게 되면 상대가 말을 걸어오지 않는 이상 과묵한 사람처럼 입을 다물고 자신의 일에 집중합니다. 하지만 일에 관해 물어오면 대답만 짧고 부드럽게 합니다. 그리고 다시 입을 다물고 일을 합니다.

태도나 표정은 앞서 말한 대로 부드럽게 하고, 혐오감을 주는 표정은 짓지 않습니다. 퉁명스러운 말투도 쓰지 않습니다. 정색을 하고 "아닙니다!" 하는 것이 아니라 "아니라고 생각합니다만…"이 좋습니다.

솔선해서 쓸데없는 일을 맡는 것은 피해야 합니다. 뒤에서 이름을 부르면 결코 재빨리 뒤돌아봐서는 안 됩니다. 다람쥐처럼 민첩하게 움직이는 것이 아니라 사자처럼 천천히 뒤로 도는 모습을 상상하면서 당당하고 여유롭게 행동합니다. 일이 끝나면 재빨리 제자리로 돌아옵니다. 쓸데없는 말은 하지 않습니다.

이것은 어디까지나 사례에 지나지 않는 만큼 자신의 상황에 맞게 행동하기 바랍니다. 이렇게 하면 당신은 상대에게 공격을 해도 재미가 없는 사람이 됩니다. 그러면 점차 상대의 공격 욕구가 줄어들 겁니다.

무엇보다도 내 인생이 먼저라는 생각을 하자

이 시점에서 STEP 1의 '나는 결국 무엇을 하고 싶은가'를 떠올려 보기 바랍니다. 담담하게 행동하는 중에도 이 생각을 절대로 잊어서는 안 됩니다.

당신이 이 책을 읽는 이유는 무엇입니까? 자신을 지키면서 상황

벗어나려 해도 벗어날 수 없는 공격적인 '그 사람'이 있는 세계가
당신의 세계의 전부는 아닙니다.
당신에게는 확실한 자신만의 세계가 있고,
그곳에서 살아가는 것을 방해받지 않도록 상대를 잠재우면 그만입니다.

을 바꿔서 평화를 만들고 지금까지 짓밟혀온 내 인생을 되찾기 위한 것 아닌가요?

결국 당신의 삶에서 추구하는 것은 무엇입니까? 아이들과 행복하게 사는 것입니까? 취미생활을 즐기며 평온하게 사는 것입니까? 상대의 영향력에서 벗어나 자신의 의지로 일을 하고 성과를 내는 것입니까? 스스로에게 물어보십시오.

여기에서 제가 말하는 대처법인 '담담하게 행동하라' 자체가 인생의 목적은 아닙니다. 어디까지나 자신이 살아가고 싶은 인생을 살기 위한 수단에 지나지 않는다는 것을 알아야 합니다. 목적의 방향에 따라 이후의 인생이 크게 바뀝니다.

벗어나려 해도 벗어날 수 없는 공격적인 '그 사람'이 있는 세계가 당신 세계의 전부는 아닙니다. 당신에게는 확실한 자신만의 세계가 있고, 그곳에서 살아가는 것을 방해받지 않도록 상대를 잠재우면 그만입니다.

이를 위해 당신은 나쁜 사람으로서 필요한 최소한의 일만 담담하게 해내면 됩니다. 이러한 의식을 갖고 상대를 마주했으면 하는 바람입니다.

어려운 것은 첫 걸음뿐이니
지금 당장 시작하자

감정적으로 울부짖거나 무리해서 위협하면 상대는 당신의 한계를 간파하고 약한 녀석이 애써 저항한다는 정도로만 받아들입니다. 공격 욕구를 한층 자극하는 꼴이 될 뿐입니다. 하지만 나쁜 사람이라는 의식을 가지고 반응을 줄이거나 담담하게 행동하면 차츰 적대적이지 않으면서 강하고 두려운 분위기가 생성됩니다.

이는 당장에 일어나는 변화는 아닙니다. 조금이라도 변화를 느낀 상대가 더욱 강한 공격을 해오는 순간도 있을 겁니다. 당신은 관계 방식을 바꿈으로써 공격당하지 않을 유형으로 바뀌는 시작점에 서 있는 겁니다.

첫 날에 일어나는 변화가 매우 미약해도 어쩔 수 없습니다. 그 단계에서 실패했다고 생각해 포기하지 말기 바랍니다. 이틀, 사흘, 닷새, 열흘, 보름, 한 달, 삼 개월… 이렇게 계속되면 상대와 감정을 나누지 않고 담담하게 대하는 것이 일상화될 겁니다. 당신이 상대와 감정을 주고받지 않고 담담하게 대하는 사람이 되어 간다는 의미입니다.

그 과정에서 상대의 인식도 차차 바뀝니다. 즉 '아무리 공격해도 무섭지 않은 사람'에서 '공격을 해도 재미가 없는 사람'이나 '이상하게 무서운 데가 있는 사람'으로 바뀌어갑니다.

그러다가 어느 날, 갑자기 공격하지 않게 됩니다. 마침내 이것이 관계 방식을 바꿔 내 인생도 바꾸고 상황도 바꿔가는 겁니다.

3장

불합리한 공격에는
이렇게 대처하라

화의 근원인
말수를 줄인다

무시하지 말고
과묵하게 상대를 대한다

앞의 2장에서는 나쁜 사람이 되어서 상대를 대하겠다는 의식을 토대로 상대의 존재에 무관심한 태도로 반응을 줄이라는 설명까지 소개했습니다. 지금부터는 더욱 구체적인 관계 방식으로 바꿔 상대의 눈에 비친 당신의 인상을 공격을 받지 않는 유형으로 바꿀 수 있는 방법을 전하고자 합니다.

한 단계 전인 STEP 3에서는 감정 표현의 반응을 줄였습니다. 다음으로 실천해야 할 것은 '말수를 줄이라'는 겁니다. 왜냐하면 세상에 존재하는 공격이나 집단 괴롭힘의 동기 중의 대부분이 말을 하는 중에 발생하기 때문입니다.

공격의 표적이 된 시점에서 있는 그대로의 모습으로 상대와 자유롭게 대화를 즐기는 것은 거의 불가능한 일이 되었습니다. 안타까운 일이지만 그러한 전제로 어떤 말을 해야 하는지 생각할 필요가 있습니다.

화의 근원인
대화를 줄인다

공격받지 않는 요령 같은 것이 있더라도 대화의 종류에 따라 이를 적용하기는 대단히 어려운 일입니다. 또는 공격을 할 수 없게 만드는 효과적인 한마디를 할 수 있다면 좋겠지만 애초에 싸움을 싫어하는 사람에게는 너무나 큰 부담입니다.

따라서 화가 나는 근원이 되는 대화 자체를 줄이면 상대가 공격할 기회를 줄일 수 있습니다. 항상 공격당하는 사람들 대부분이 어떻게 해서라도 잘 대답하기 위해 노력하는데, 사실 이런 방법은 오히려 제 무덤을 파는 격입니다. 그래서야 상대의 공격을 멈출 수가 없습니다.

오히려 싸움에 서툰 당신이기에 어떻게 해서든 대화를 하지 않거나 될수록 빠르고 자연스럽게 대화를 끝내야 합니다. 그것이 덜 노력하면서 공격을 줄이는 효과적인 방법입니다.

다만 말을 전혀 하지 않으면 그것 나름대로 적대감을 불러일으킵니다. 그러면 상대가 생각하는 민폐성이 커져서 무시한다는 생각으로 이어지기 때문에 최소한의 말만 하는 '과묵한 사람'이 되는 것이 적절합니다.

말수를 줄이면
생각할 여유가 생긴다

당신이 말수를 줄이면 당연히 침묵이 발생합니다. 지금까지 침묵을 견딜 수 없어서 먼저 쓸데없는 말을 해왔는지도 모르지만 이제 STEP 3에서 설명한 것처럼 필요 이상의 말을 주고받지 않도록 관계 방식을 바꾸기 바랍니다.

어쩌면 이제까지의 당신은 침묵이 이어져서 대화의 틈이 생기지 않도록 계속해서 무슨 말이든 해야 한다고 생각했을지도 모릅니다. 머릿속 가득히 "예" "아닙니다"만 되풀이하는 사고정지 상태가 계속된 적은 없었나요?

하지만 침묵에 익숙해지면 서로 말을 주고받지 않는 시간이 생겨도 당황하지 않고 나름의 생각도 할 수 있습니다. 그렇지 않으면 당황해서 어떤 말이라도 하려고 안달하다가 정리되지도 않은 말을 꺼내서 상대에게 "도대체 왜 그런 쓸데없는 말을 하는 거야!"라는 비난을 들을 수도 있습니다.

지금까지 만약 그랬다면 당신은 이제 침묵에 익숙해질 필요가 있습니다. 침묵에 익숙해지면 생각할 겨를이 생기는 것은 물론이고 말수가 줄어들어서 초조함의 근원도 줄어든다는 큰 장점이 있습니다.

상대가 하는 공격의 불씨는 대개의 경우 당신의 말에 있습니다.
그러므로 당신이 의도적으로 말수를 줄이고 침묵을 자아내면
상대는 공격의 실마리를 잡아채지 못합니다.

침묵을 적극적으로
이용해야 한다

당신의 의도적인 침묵은 공격적인 사람에게 매우 견디기 힘든 상황입니다. 말수를 줄이는 것과 동시에 그러한 점을 적극적으로 이용해야 합니다.

서로 대화가 오가지 않는 상황을 전혀 신경 쓰지 않는 사람이 되는 것이 매우 중요합니다. 말수를 줄이고 스스로 나쁜 사람이라고 의식해서 상대가 견디기 힘들어 하는 시간을 의도적으로 만드는 겁니다.

필요 이상의 말을 꺼내지 말아야 합니다. 또한 절대로 들떠서 대화를 나누지 않도록 해야 합니다.

상대가 말을 하는 도중에는 분위기에 쓸려 장단을 맞추지 말고 생각을 하는 것처럼 여유를 가져야 합니다. 상대에게 자신이 말하고 있는데 기대한 대로 반응하지 않는다는 낭패감을 주는 겁니다. 겉으로는 보이지 않는 악의를 가지고 상대가 공격할 수 없는 견디기 힘든 침묵을 만들어내야 합니다.

의도적인 침묵으로
말꼬리를 잡지 못하게 한다

공격적인 사람의 대부분은 자신이 얘기한 말에 당신이 반응한 것으로 말꼬리를 잡는 수법을 써서 공격합니다. 당신이 대답한 말 속에서 뭐라도 트집을 잡아 당신이 틀렸고 자신은 옳다고 구구절절 얘기하는 겁니다. 거기에는 앞뒤가 맞는 논리가 없습니다.

이렇게 상대가 하는 공격의 불씨는 대개의 경우 당신의 말에 있습니다. 그러므로 당신이 의도적으로 말수를 줄이고 침묵을 자아내면 상대는 공격의 실마리를 잡아채지 못합니다.

지금까지 상대는 불합리한 공격을 해서 당신의 반응을 불러내고, 그것을 다시 불합리한 논리로 설명하는 형태로 공격해왔습니다. 이제 상황을 바꿀 필요가 있습니다. 당신이 의도적으로 침묵이라는 시간을 만들면 상대는 자신이 말한 언어의 부조리함에 직면하는 상황을 맞닥뜨리게 됩니다.

즉 자신이 판 함정에 자신이 빠지는 격이 되어 견딜 수 없는 기분이 들 겁니다. 그렇게 견디기 힘든 상황 속에서는 기세등등한 공격을 할 수 없으므로 '이제 됐어'라며 공격 욕구가 꺾이게 됩니다.

기세등등한 상대의 흐름을
깨뜨려야 한다

상대의 마음속에는 이미 공격하기 쉬운 대화의 방식이 완성되어 있습니다. 말도 안 되는 소리를 마구 하거나 당신이 생각할 시간을 주지 않고 끊임없이 반응을 불러내어 트집을 잡는 것이 바로 그 예입니다.

당신은 이런 순서에 따라 기세등등하게 이어지는 상대의 흐름에 휩쓸리고, 상대의 생각대로 공격당합니다. 주고받는 흐름이 좋은 대화는 모두에게 기분 좋은 대화겠지요. 하지만 항상 당신을 공격하는 사람에게는 그것이 바로 공격하기 쉬운 흐름입니다.

특히 그저 화풀이를 하고 싶은 사람에게는 사실 공격의 이유 자체가 존재하지 않습니다. 그저 무엇이라도 좋으니 공격을 하고 싶을 뿐입니다. 따라서 말도 안 되는 소리를 하다가 기세등등해진 끝에 점차 공격하기 쉬운 흐름을 만들어 당신을 끌어들인 후 공격을 합니다.

그 기세등등한 상대의 흐름을 무너뜨려버리면 상대가 만들어낸 공격하기 쉬운 대화의 방식도 제 기능을 다하지 못합니다. 상대의 생각대로 되지 않기 위해 대화를 하는 중에도 상대의 예상에서 조금씩 벗어난 반응을 보이면 더욱 좋습니다.

상대의 말이 빨라진다고 느낀다면
침묵이 더욱 효과적이다

상대가 생각한 대로 반응하다가 당신이 말수를 줄이면 상대의 말에 흐름이 깨집니다. 논리도 맞지 않는 말을 하면서 공격하는 사람은 그것만으로도 속사포처럼 반복해서 쏟아내던 말이 벽에 부딪혀 좋던 기분이 틀어져버립니다.

그렇게 되면 공격하는 쾌감도 줄고, 공격의 구실도 사라집니다. 처음부터 단순히 흐름을 타서 논리 정연해 보였을 뿐이었기 때문입니다.

자신이 반응을 보이지 않으면 상대가 더욱 화를 내지 않을까 하는 걱정이 들 수도 있습니다. 하지만 냉정하게 생각하기 바랍니다.

당신의 눈앞에 있는 사람이 바라는 대로 말할 의무는 없습니다. 당신에게는 당신대로의 방식이 있습니다. 그러므로 말하는 방식은 제각각이라는 듯이 아무렇지 않은 표정을 지어보이면 상대는 그것을 인정할 수밖에 없습니다.

여기에서도 역시 중요한 점은 자신이 나쁜 사람이라는 의식을 가지는 겁니다. 중요한 지침이므로 반드시 기억하기 바랍니다.

'나쁜 사람처럼 침묵한다. 나쁜 사람처럼 일부러 천천히 말한다.' 이렇게 나쁜 사람이라는 생각을 가지고 상대의 흐름을 깨뜨리면 자연스럽게 정체불명의 두려움을 선사할 수 있습니다.

짧고 부드럽게 잘라 말한다

말수는 줄여야 하지만 말을 아예 하지 않을 수는 없습니다. 완전히 입을 다물면 무시한다고 생각해서 더욱 공격에 박차를 가하게 된다는 것은 지금까지의 설명을 통해 이해했으리라고 생각합니다. 더욱이 사실과 다른 말을 들었을 때에는 재빨리 그것을 부정하지 않으면 사실이 왜곡되는 경우도 있습니다.

기본 원칙은 침묵이지만 말을 할 필요가 있을 때에는 다음의 3가지 요령을 잊지 말아야 합니다.

첫째, 대화를 최소한으로 줄이기 위해 '짧게' 말해야 합니다.

둘째, 적대적인 분위기를 자아내지 않도록 '부드럽게' 말합니다.

셋째, 말끝을 단호하게 '잘라 말해야 합니다'.

항상 공격당하는 사람은 대부분 말투에 자신감이 없고 말끝을 흐지부지하다가 마지막에 가서는 모호하게 웃는 경향이 있습니다. 그것이 당신의 약함으로 투영되고, 공격당하기 쉬운 모습으로 자리 잡습니다.

따라서 '짧고 부드럽게 잘라 말하는' 것이 중요합니다. 그러면 자연스럽게 적절한 냉정함도 생겨서 상대는 아무리 말해도 통하지 않는다는 낭패감에 빠집니다.

다음으로 '침묵하기'와 '짧고 부드럽게 잘라 말하기'는 구체적인 장면을 설정해서 몇 가지 예로 들겠습니다. 다만 주어진 상황이나 상대의 공격 정도는 각각 달라서 상대가 어떻게 나오는지 살펴보면서 조절할 필요는 있습니다. 예시는 어디까지나 기본적인 대처법으로 생각해주기 바랍니다.

STEP 1에서 설명했듯이 여성이라면 고상한 악인, 남성이라면 세련된 악인이라는 인간상을 그리면 이해하기 쉬울 겁니다.

확실하게 싫은 말을 들었을 경우

기분이 상했다고 해서 감정적으로 대꾸하면 상대는 더욱 강하게 당신을 공격하겠지요. 이런 경우에는 의미심장한 침묵이 효과적입니다. 당신의 반응과 상대의 공격은 하나이므로 당신이 반응을 보이지 않고 대화를 이어나가지 않으면 상대는 계속 말을 이어갈 수 없습니다.

처음에는 기세등등해서 당신을 공격하겠지만 반응을 하지 않으니 서서히 말을 할 수 없게 됩니다. 만일 효과가 작다고 느낀다면 STEP 3에서 설명한 정체불명의 두려움을 떠올리면서 그 후로도 얼마동안 기분 나쁜 침묵의 시간을 가지고 자신이 할 일을 계속 합니다. 이때 적대적인 표정을 짓지 않도록 주의하기 바랍니다.

이제 상대에게 자신이 싫어하는 말을 한 탓에 이런 참기 힘든 분위기가 되었다는 잔상이 남습니다. 그렇게 된 이상 기분 좋게 공격할 수 없으므로 드디어 공격은 자취를 감추게 될 것입니다.

별일도 아닌데 화를 내는 경우

별것도 아닌 일에 특별히 의사 표시를 할 필요는 없습니다. 아무렇지도 않은 표정으로 말을 하는 도중에 인상에 남지 않는 음조로

"아…" "네에…" 정도로 말합니다. 단지 상대의 기분에 따라 장단을 맞추듯이 하지 않도록 주의하기 바랍니다.

화가 치밀어 오른 상대가 "그래서 어쩔 거야!"라고 말해도 결코 당황하지 말기 바랍니다. 그저 "잘 모르겠네요"라면서 짧고 부드럽게 딱 잘라 말하면 됩니다.

하지도 않은 일을 했다고 우기면서 화를 내는 경우

이런 경우는 "네에…"라고 대답하면 당신이 한 일로 인정하는 격이 되어버립니다. 기본은 역시 짧게 "그건 제가 하지 않았습니다"라고 부드럽게 잘라 말하는 것입니다. 반대로 해야 할 일을 하지 않았다고 화를 내는 경우도 마찬가지입니다. "그건 했는데요"라고 짧고 부드럽게 잘라 말합니다.

여기에서 구구절절하게 설명을 할수록 상대에게 말꼬리를 잡을 기회를 주게 됩니다. 역시 최소한의 말만 짧고 부드럽게 딱 부러지듯 말하는 것이 중요합니다.

이 책에서 기본적인 해결책으로 말이나 반응을 줄이라고 제시했지만 언제나 입을 다물라는 얘기는 아닙니다. 말을 하지 않으면 손해가 나는 경우에는 확실하게 자기주장을 해야 한다는 것을 명심하기 바랍니다. 다만 무언가를 말할 때에는 항상 짧고 부드럽게 잘라서 대답해야 합니다. 이 점은 매우 중요한 만큼 확실하게 기억해야 합니다.

피하고 싶을 경우 / 쓸데없는 대화를 끝내고 싶을 경우

"예" "그렇군요" "알겠습니다" 등 대화의 내용에 맞춘 말을 짧게 잘라 말합니다. 길게 말할 필요가 없습니다.

일반적인 의사소통에서도 대화를 끝내고 싶을 때에는 "자, 이제 그만 일어나지"라는 말을 쓰곤 합니다. 그러한 어법을 응용해서 어디까지나 상대의 흐름에 따르지 않도록 짧고 부드럽게 잘라서 말하도록 주의합니다.

할 말이 있는 경우

가령 내가 할 말이 있어도 구구절절한 토를 달거나 변명 같은 말을 자꾸 늘어놓으면 그만큼 말꼬리를 잡힐 위험이 높습니다. 말하고자 하는 바를 가능한 한 짧게 잘라 말하는 것이 중요합니다. 필요 이상으로 흥분하지 않고 말을 마칠 수 있는 요령은 "왜냐하면" 등의 보충설명을 하지 않고 간결하게 결론만 말하는 겁니다.

할 말이 있을 때 최선을 다해 설명하면 이해해줄 것이라는 기대감을 느끼게 마련입니다. 하지만 공격적인 사람은 좀처럼 이해하려 하지 않는다고 지금까지 줄곧 설명해왔습니다.

불합리하게 화를 내는 경우 / 의미를 알 수 없는 경우

상대가 말하는 것을 이해할 수 없으면 당황해서 영문도 모른 채 아무 대답이나 하게 됩니다. 하지만 당황해서 내뱉는 말이라 합리적이지 못하기 때문에 상대는 공격 수위를 더 높이게 됩니다. 상대는 당신이 당황한 나머지 비합리적인 대답을 한 것이라고 판단해서 말도 안 되는 화를 내는 겁니다.

하지만 차분하게 생각해보기 바랍니다. 도대체 어느 누가 의미를 알 수 없는 말을 떠들어대는 상대에게 신속하게 대답할 수 있겠습니까?

당신에게는 '이해하지 못해도 괜찮은 권리'가 있습니다. 상대에게 즉시 대답해야 할 의무도 없고, 상대에게도 대화의 속도를 결정할 권리 따위는 없습니다.

당황해서 대답하는 것은 괜찮지만 그 외에도 침묵할 선택권이 있다는 점을 명심해야 합니다. 상대의 말을 이해할 수 없다면 엉뚱한 대답 대신 입을 다무는 것도 방법입니다.

그럴 때는 상황에 따라 몇 가지의 표정을 선택할 수 있습니다. 대표적으로는 다음의 3가지가 있습니다.

첫째, '뭐라고?' 하는 듯이 무시하는 것은 아니고 흥미가 있지만 이해가 가지 않는다는 표정을 짓습니다. 둘째, '음…'이라는 듯이 이해는 가지만 약간의 문제가 있다는 표정을 짓습니다. 이 경우에는 침묵하는 시간을 잠시 가진 뒤에 소리 내어 "음…"이라고 말합니다. 셋째, 이해도 했고 세부적인 의미까지 음미했다는 표정을 짓습니다. 생각에 잠긴 느낌으로 3초 동안 고개를 끄떡입니다.

그 외에도 상대의 공격이 멈추지 않을 경우에는 대화를 끊기 위해 편의상 "죄송합니다만…"이라고 말하면 효과가 있습니다. 이때는 용서를 비는 듯이 말하지 않는 것이 중요합니다.

모든 상황을 분석해서 설명할 수는 없지만 어떤 경우든 상대의 흐름에 말려들지 않도록 해야 합니다. 상대가 만든 대화의 속도에 휩쓸리지 않는 것이 중요합니다. 상대는 애초에 불합리한 말을 하고 있으므로 당신이 구체적으로 대답하지 않으면 애시당초 트집을 잡을 수 없습니다.

그러므로 말을 할 때에도 결론이나 반론 같은 대답을 하지 말고 "아…" "음…" 등의 모호한 말로 대충 마무리해야 합니다. 이렇게 구체적으로 대답하지 않으면서 말꼬리를 잡히지 않는 것도 상대의 흐름을 끊는 방법입니다.

무시당했을 경우

무시의 종류에도 여러 가지가 있지만 제게 자주 상담하러 오는 분들은 확실한 악의를 가지고 무시하는 경우입니다. 그러한 경우에는 다음과 같이 대처하면 됩니다.

대답을 기대하지 말고 담담하게 말을 합니다. 대답을 해도 좋고 안 해도 좋다는 느낌으로 말을 거는 겁니다. 그 결과 무시를 당하면 그 후로는 '지금은 그런 상태구나'라고 생각하면서 혼자서 있고 싶으면 그렇게 하라는 듯 관대하게 내버려둡니다.

이때 상처받는 모습을 보이지 않도록 주의해야 합니다. 이것이야 말로 상대가 바라는 효과이기 때문입니다. 무시하면 당신이 상처받는다는 것을 알고 자신의 영향력을 느끼고 싶어서 그렇게 하는 겁니다. 당신이 상처받는 모습을 보이지 않으면 상대는 무시한 보람을 느끼지 못하기 때문에 실질적인 이익이 없습니다.

또한 내 알 바 아니라는 허세를 드러내는 것도 피해야 합니다. 그것 나름대로 상대가 무시당한다는 느낌이 들어 '민폐'로 간주하기 때문입니다.

그 후에 다시 상대가 말을 걸어올 때에는 아무 일도 없었다는 듯 평소대로 담담하게 얘기합니다. 이미 알고 있겠지만 상대가 무시를 하다가 말았을 때 부디 다행이라는 표정을 짓지 않아야 합니다.

그런 표정을 보이면 상대는 '역시 기다리고 있었군' 하고 무시한 보람을 느끼게 됩니다. 무시를 당해도 담담하게 넘어가고, 상대가 다가오더라도 담담하게 지나치는 일관성 있는 행동이 당신이 약하거나 민폐를 끼치지 않는다는 인상을 만듭니다.

소리를 지르는 경우

상대가 분노가 차올라 소리를 지를 때에는 어떤 말을 해도 불 난 곳에 기름을 붓는 격입니다. 모른 척하지 말고 일단 관심을 가지면서 듣고 있다는 자세로 그저 침묵을 유지합니다.

다만 상대가 자신이 화를 내는 것이 정당하다고 느끼지 않도록 비굴하거나 상처받거나 반성하는 모습은 보이지 말고 정색을 하며 시선을 내리깐 채 내버려둡니다.

평소에 일관된 태도를 보임으로써 상대가 분노를 터뜨리기 어려운 사람으로 변해봅시다. 충분히 당신도 그렇게 할 수 있습니다.

약을 올리면서 화를 내는 경우

'상대가 공격한다 → 당신이 반응한다 → 이러한 반응에 상대가 기뻐한다'는 연결고리를 끊으면 상대의 공격 욕구는 꺾여버립니다. 다시 말해 상대의 쾌감으로 이어지는 반응을 보이지 않으면 되는 겁니다.

약을 올리면서 화를 내는 경우도 마찬가지입니다. 먼저 몹시 움츠러든 태도를 보이지 말아야 합니다. 그리고 적당한 때에 "그렇군요"라면서 대화를 끊습니다.

이때는 납득한 어감이 아니라 앞서 얘기한 대화를 끝내고 싶어서 말하는 느낌이어야 합니다. 이해는 했지만 납득은 하지 못했다는 느낌으로 감정을 넣지 말고 담담하고 차분하게 잘라 말합니다.

사과를 해야 하는 경우

당신에게 조금이라도 잘못이 있다면 사과해야 합니다. 하지만 상대가 이용하기 쉬운 국면에서는 세심한 주의가 필요합니다.

가장 좋지 않은 것은 어떻게 하든 그 상황을 벗어나려고 겁에 질린 얼굴로 "죄송합니다. 정말 죄송합니다"라면서 머리를 조아려 용서를 비는 겁니다. 아무리 당신이 백번 잘못을 했다 하더라도 손

모든 상황을 분석해서 설명할 수는 없지만
어떤 경우든 상대의 흐름에 말려들지 않도록 합시다.
상대가 만든 대화의 속도에 휩쓸리지 않는 것이 중요합니다.

이 닳도록 싹싹 비는 행동은 훗날을 생각했을 때 그다지 좋지 않습니다.

항상 공격적인 사람은 여기서 얻은 심리적인 이점을 가지고 계속 이용하기 때문입니다. 아마도 얼마동안 당신이 사과했던 것을 빌미로 몇 번이고 약을 올리며 물고 늘어질 겁니다.

그러면 어떻게 사과하는 것이 좋을까요? 그 방법은 사죄하는 느낌이 아니라 억울한 태도로 사과하는 겁니다.

이 2가지는 닮은 것처럼 보여도 전혀 다릅니다. 죄송하다면서 사죄하면 상대에 대한 기분을 표현하게 되지만, 억울한 태도는 이렇게 실패를 한 '나에 대한' 억울함을 나타내는 겁니다. 즉 이 2가지는 감정의 방향성이 정반대입니다.

자신에 대한 억울한 태도를 보이면서 말로만 "미안합니다" "죄송합니다"라면서 사과하면 상대에게 굴욕적으로 비치진 않습니다. 상대가 지적하기 전에 선수를 쳐서 스스로 과도하게 억울해 하는 것이라고 할 수 있습니다.

당신이 잘못했으니 상대는 지금이 기회라는 듯이 공격하려 들 겁니다. 이때 '당신이 말하고 싶은 것을 알고 있다. 이게 무슨 일이람. 나도 너무 화가 난다'는 식으로 앞질러 상대에게 공감을 하고, 책망을 듣기 전에 스스로 자신을 꾸짖으면 됩니다. 그러면 상대는 치켜든 손을 어디로 휘둘러야 할지 방향성을 잃게 됩니다.

더욱이 필요에 따라 이후로 어떻게 하겠다는 뒷마무리까지 하면 좋습니다. 상대는 심리적인 이점을 점하고도 아무것도 얻지 못한 채 실패의 쓴맛을 보게 될 겁니다.

거절할 경우

STEP 3에서 해야 할 일의 범위를 스스로 정하고 그것을 반드시 지킨다는 내용을 전했습니다. 그 이상으로 중요한 것이 내가 불합리하다고 느끼는 것을 상대가 강요했을 때 거절하는 겁니다.

상대의 무리한 과제를 받아들이는 피해자가 되지 말아야 합니다. 이때 거절함으로써 당신이라는 사람의 주체성을 나타내고 이제는 상대의 통제 아래에 있지 않다는 것을 보여줄 수 있습니다.

이를 위해 거절할 때는 '할 수 없다'는 당신의 상황만을 짧고 부드럽게 잘라 말해야 합니다. 짧게나마 "아…"라는 말과 죄송한 표정을 지은 후에 "할 수 없네요"라고 짧고 부드럽게 잘라 말하는 느낌입니다.

여기에서도 구구절절한 설명을 덧붙이면 상대가 트집을 잡을 기회를 주는 격이니 주의해야 합니다. 아무리 강한 어조로 "해!"라고 말해도 "아, 죄송합니다. 할 수가 없네요. 미안합니다"라고 하면 그만입니다.

이때의 "죄송합니다"와 "미안합니다"는 말은 거절이라는 자신의 이익을 얻기 위한 수단일 뿐이므로 아무리 반복해도 약한 입장이 되지 않습니다. 마찬가지로 사과하는 행위도 어떤 이익을 취하지 않는 단순히 사과하는 경우와 구분해서 생각해야 합니다.

그런 후 "그럼 이제 어떻게 할 거야?"라고 하면 "어떻게 하면 좋겠습니까?" "잘 모르겠네요"라고 대답합니다. 그것은 상대가 생각해야 할 내용이기 때문입니다.

엄밀히 말하면 당신이 해야 할 이상의 일을 시키려고 했던 것은 상대입니다. 어떻게 해야 할지 생각해야 하는 것은 원래 상대의 책임인데도 화가 나서 당신에게 책임을 전가하려고 하는 겁니다.

여기에서 당신이 "그러면 이렇게 하는 것이 어떻습니까?" "제가 할까요?"라는 반응을 보이면 스스로 원해서 책임을 둘러쓴 꼴이 되고 맙니다. '당신 손에 놀아나지 않겠다'는 강한 다짐으로 거절하면 당신의 주체성이 부각되고, 이제는 상대의 통제 아래에 있지 않다는 것을 드러낼 수 있습니다.

칭찬을 받았을 경우

공격과는 질적으로 조금 다르지만 칭찬받았을 때의 반응도 역시 중요합니다. 상대의 공격 욕구를 꺾으려면 무엇이든 '내 영향력 아래에 있다'고 상대가 느끼지 못하게 해야 합니다. 상대가 비난을 하든 칭찬을 하든 그 말을 들은 전후로 무엇도 바꾸지 않는 것이 효과적입니다.

따라서 칭찬을 받았을 때에도 평소의 담담한 태도를 유지해야 합니다. 절대 공격해오는 사람 앞에서 민낯을 내보이거나 있는 그대로 기뻐해서는 안 됩니다. 그럴 경우 '당신의 말이 나에게 이렇게 영향을 미친다'는 증거가 되어 상대를 더 우쭐하게 만들 뿐입니다.

짧고 부드럽게 "감사합니다" "여러분 덕택입니다" 등과 같이 말하거나 정중한 언행으로 잘라 말하고, 즉시 자리를 뜨거나 다른 화제로 돌립니다. 그러면 칭찬받은 상황이 오래 지속되지 않습니다.

이때 지극히 담백하고 시원스럽게 표현하는 것이 가장 좋습니다. 그러면 당신이 좋아할 것이라고 예상했던 상대는 다시 당신을 통제할 수 있다는 착각이 깨질 겁니다. 당신이 무례한 태도를 취한 것도 아니어서 상대가 당신을 비난할 수도 없습니다.

상대에 대한 칭찬을 능숙하게 하는 방법

이 단계에서 마지막으로 말하고자 하는 것은 '당신이 상대를 칭찬할 때 어떻게 해야 하는지'입니다. 결론부터 말하자면, 공격적인 사람을 애써 칭찬할 필요는 없습니다.

애초에 대등한 입장이 되기 전까지는 당신이 칭찬해도 상대는 당연하게 생각할 것이기 때문입니다. 그런 관계가 유지되는 상태에서 칭찬을 하면 상대는 당신이 스스로 몸을 낮추고 아부하면서 자신을 좋아해주기를 바라는 것이라고 생각할 겁니다.

또한 상대의 생각대로 칭찬하면 당신이 통제가 가능한 사람이라는 인식도 강해집니다. 즉 공격적인 상대에게는 칭찬이라는 행위 자체가 공격당하는 유형의 특징을 보강하는 결과를 낳습니다. 이번 STEP에서 설명해온 '말수를 줄이자'는 해결법을 무턱대고 칭찬하지 말자는 의미로도 이해할 수 있습니다.

다만 전략적으로 일부러 칭찬하면 공격을 멈추게 하는 효과를 낼 수도 있습니다. 다음을 주의하면서 칭찬하면 당신과 상대의 입장을 역전시키는 것도 가능합니다.

- 상대가 칭찬받는 것이 당연하다고 생각하면 칭찬하지 않는다.
- 상대가 칭찬받는 것이 당연하다고 생각하지 않는 부분을 칭찬한다.
- 상대의 인격이 아닌 행동을 칭찬한다.
- "대단하네요"라는 말로 짧고 부드럽게 끊어서 말하고, 바로 평소의 담담한 태도로 돌아온다

이렇듯 상대가 생각지도 못했던 부분을 담담하게 칭찬하면 '칭찬받았다!'는 의외성에서 상대는 저절로 낮아지고, 당신의 입장은 높아집니다.

지금까지 소개한 모든 상황에서 고상한 악인과 세련된 악인을 떠올리고 정체불명의 두려움이 느껴지는 사람의 행동을 상상하면 이해하기 쉬우리라 생각합니다.

경계선을 그어
접점을 줄인다

명확한 선을 그어서
상대와의 경계를 설정한다

스스로 나쁜 사람이라고 의식하면서 상대에게 무관심해지고 반응과 말수를 줄였다면, 그 다음 단계는 상대와 거리를 두는 겁니다.

특히 부부라면 함께 있어야 한다고 생각하기 마련입니다. 부부이기 때문에 함께 식사해야 하고 같은 침실에서 잠들어야 하고 생활방식도 맞춰야 한다는 생각, 당신도 그렇게 생각하고 있지는 않은

지요? 하지만 반드시 그래야만 한다는 법은 어디에도 없습니다.

현재 당신은 상대와 같은 시간, 같은 장소에 있어서 공격당하는 고통을 겪고 있습니다. 아무리 공격 욕구가 강한 상대라도 눈앞에 대상이 없다면 공격할 수가 없습니다. 그렇다면 가능한 한 접점을 줄여서 같은 공간에 있기 때문에 공격당한다는 물리적 조건을 제거하는 것도 좋은 방법입니다.

여기에서 제시하고자 하는 방법은 의식적으로 경계선을 긋는 겁니다. 가령 남편이 거실에 있다면 당신은 주방에 있는 겁니다. 남편이 침실에 있다면 당신은 거실에 있습니다. 또는 침실이나 기상시간, 식사하는 시간을 엇갈리게 하는 등 공간과 시간의 경계선을 긋습니다.

침실이나 식기 등 지금까지 공유했던 것들을 따로 두고 심리적인 경계선을 긋는 것도 또 다른 방법입니다. 갑자기 침실을 구분하는 것은 너무 급격한 변화이니 우선은 공유한 물건을 따로 두는 일부터 시작하는 것이 좋습니다.

이것에 그치지 말고 일상 속의 여러 부분을 돌아보면서 경계선을 그을 수 있는 다른 부분도 찾아보도록 합시다. 머릿속으로 미리 생각해서 정해놓는 것이 좋습니다.

반응이나 감정 등 상대에게 제공하는 정보가 많을수록
상대가 원하는 대로 공격받기 쉽습니다.
그러므로 경계를 긋는 것의 연장선으로
필요 이상의 정보를 제공하지 말아야 합니다.

경계선도 되도록
천천히 긋는다

단지 수적이나 규모면에서 급격한 변화를 보이면 상대에게 공격의 구실을 내주는 격이니 상대의 모습도 살피면서 조금씩 경계를 늘려갑니다. 이렇듯 여러 경계선을 그으면서 접점을 열심히 줄여가도록 합니다. 상대가 공격하고 싶어도 눈앞에 대상이 없으면 어쩔 도리가 없습니다.

직장 상사나 부하직원과의 관계도 마찬가지입니다. 부부관계와는 달리 부하직원은 상사에게 관리를 받는 입장이어서 시간적·공간적인 경계선을 긋는 것은 불가능하다고 생각할 겁니다. 하지만 잘 생각해보면 필요 이상의 접점을 가지고 있다는 것을 발견할 수 있습니다.

출근과 퇴근시간을 습관처럼 상사에게 맞추고 있지는 않습니까? 그가 점심식사를 하러 나가면 당신도 점심을 먹으러 나가지는 않는지요? 이런 시간들을 엇갈리게 해서 조금이라도 시간적·공간적인 접점을 줄이면 적어도 당신의 마음이 편해질 겁니다.

물론 회사의 규정도 있어서 생각한 대로 완벽하게 실천할 수만은 없겠지만 아무것도 하지 않는 것보다는 상황이 훨씬 나아질 겁니다. 이것을 계기로 상사와의 접점을 줄일 수 있는 부분을 가능한 한 많이 찾아내야 합니다.

재빨리 갔다가
재빨리 벗어난다

앞서 언급했지만 상대와 같은 공간에 있는 상황은 가급적 피해야 합니다. 어쩔 수 없이 상대가 있는 곳에 가야만 할 때는 재빨리 갔다 와서 공격의 물리적인 조건을 줄입니다.

재빨리 하라고 해서 종종걸음으로 다니라는 뜻은 아닙니다. 그러면 약하거나 민폐를 끼치는 존재로 비쳐서 당신의 존재감이 상대의 공격 욕구를 자극할 수 있습니다.

상대의 공격 기회를 줄이려면 되도록 당신의 존재감을 지우는 것이 매우 중요합니다. 같은 시간과 공간에 있지 않도록 하거나 상대가 있는 장소에 갈 때에 빨리 갔다가 오라는 것도 바로 그런 이유에서입니다.

종종걸음을 친다면 빨리 갔다 올 수는 있겠지요. 하지만 콩콩대는 소리나 예민한 동작이 오히려 상대의 시선을 끌고 작은 동물 같은 움직임이 덜덜 떠는 느낌을 줍니다. 존재감을 지워야 한다는 점에서 실패인 셈입니다.

상상으로 그려본다면, 슬쩍 나타났다가 슬쩍 사라지는 느낌입니다. 즉 소리 없이 나타났다가 숨을 참듯 용무를 끝내고 소리 없이 사라지는 겁니다. 조금 과장을 보태면 당신이 와서 잠깐 머물렀다가 사라진 사실을 상대가 인식할 수 없을 정도로 존재감을 없애야 합니다.

만일 같은 공간에 있는 동안 상대가 당신에게 말을 건다면 앞의 STEP 3을 떠올려야 합니다. 최소한으로 짧고 부드럽게 딱 잘라 대답해야 합니다.

평소에는 가능한 한 상대의 시선이 닿지 않는 곳에 있습니다. 그리고 상대가 있는 장소에 부득이하게 갈 때에는 재빨리 갔다가 재빨리 나옵니다. 공간적·시간적으로 이 2가지 조건을 항상 인식하고 상대와의 접점을 줄여나가야 합니다. 당신이 상대의 시야에 들어가는 기회를 줄이는 간단한 방법만으로도 상대의 공격을 줄일 수 있습니다.

상대에게 필요 이상의
정보를 제공하지 않는다

지금까지 계속 언급해왔지만 반응이나 감정 등 상대에게 제공하는 정보가 많을수록 상대가 원하는 대로 공격받기 쉽습니다. 그러므로 경계를 긋는 것의 연장선으로 필요 이상의 정보를 제공하지 말아야 합니다.

이제 당신의 일상을 되돌아보죠. 부부관계나 회사의 상하관계 등에서는 무엇이든 정보를 공유해야 한다고 생각하겠지만 사실은 반드시 그런 것은 아닙니다. 많은 경우, 공격의 이유는 상대에게 준 정보에서 만들어집니다. 그렇기 때문에 필요 이상으로 정보를 주지 않으면 공격의 빈도가 줄어들 가능성이 큽니다.

정보는 최소한으로 공유해야겠다는 생각을 하고 잘 살펴보면 의외로 공유하지 않아도 상관없는 정보가 있습니다. 지금까지는 이렇게 생각한 적이 없었기 때문에 맹목적으로 무엇이든 정보를 공유했던 겁니다.

몇 가지 예를 들어보죠. 오늘은 외출을 할 것이라는 최소한의 정보만 전하면서 어디로 갈 것인지, 누구를 만날 것인지는 전달하지 않습니다. 또한 가구 등을 바꾸고 싶을 때에도 굳이 남편의 의견을 물어볼 필요가 없습니다. 가구를 바꿀 것이라는 사실만 짧게 전달하거나 아무 말도 하지 않고 그저 가구를 바꾸면 됩니다.

의외의 장소에서 마스크를 쓰는 것도 좋습니다. 필요 이상의 '표정'을 보이는 것도 정보를 제공하는 셈이기 때문입니다. 실제로 감기라는 핑계를 대면서 마스크를 착용했더니 나름대로 편안하게 지낼 수 있었다는 증언을 여러 차례 들은 바 있습니다.

필요 이상의 보고는
하지 않는다

정보를 제공하지 않기 위해 어떤 방법을 쓰든 먼저 자신이 결정하고 상대의 상태를 살피면서 실행해나가야 합니다. 이미 스스로 나쁜 사람이라는 의식을 하면서 반응도, 말수도 줄여왔으므로 이 방법도 실천해보면 의외로 수월할 겁니다.

회사에서 상하관계에 있더라도 반드시 공유하지 않아도 되는데 무조건적으로 공유한 정보가 분명히 있을 겁니다. 예를 들어 보고,

의외의 장소에서 마스크를 쓰는 것도 좋습니다.
필요 이상의 '표정'을 보이는 것도
정보를 제공하는 셈이기 때문입니다.

연락, 상담은 사회인의 기본이라고 하지만 상사가 무서워서 필요 이상으로 하고 있지는 않은지요? 이것 역시 전달하지 않아도 좋은 정보와 보고하지 않아도 되는 내용을 파악해 미리 정해두는 것이 좋습니다.

해결책을 일관성 있게
계속 유지한다

계속 실천해나가면
공격 욕구는 사라진다

여기까지 왔다면 기본 단계는 거의 마친 셈입니다. STEP 6은 지금까지의 해결책을 실천해온 끝에 드디어 상대의 공격 욕구를 완전히 없애는 단계입니다.

복습하는 차원에서 지금까지의 내용을 전반적으로 되짚어보기로 합시다.

공격적인 상대에게 당신은 약하거나 민폐를 끼치는 사람이므로 공격을 해도 두렵지 않은 존재입니다. 상대에게 이렇게 보이는 것이 문제의 근원이지요.

당신은 이미 상대에게 공격의 표적이 되었기 때문에 대화를 통해 문제를 해결해보려 해도 헛수고일 뿐입니다. 말을 해서 상황을 타개해보려는 시도 자체가 반격이나 민폐로 인식되어 오히려 상대의 공격이 더욱 거세질 위험도 있습니다. 또한 당신이 공격당하는 것은 당신의 인격이 나빠서가 아니기 때문에 인격을 바꿀 필요는 전혀 없습니다.

다만 상대가 당신의 관계 방식을 '이 녀석은 공격해도 무섭지 않다' '공격해야 할 해로운 존재다'라고 생각하고 있다는 점을 이해해둘 필요가 있습니다. 그러므로 관계 방식을 바꿔서 당신은 약하거나 민폐를 끼치는 존재가 아니며 공격하기 힘든 사람이라는 인식을 상대에게 심어줘야 합니다. 그렇게 해서 상대의 공격 욕구를 꺾는 것이 당신이 싸우지 않고 상황을 바꿔서 마침내 평화를 얻는 방법입니다.

따라서 먼저 스스로 나쁜 사람이라는 의식의 토대를 만듭니다. 그리고 상대의 존재에 무관심해져서 감정 표현 같은 반응도 줄이고 말수도 줄여서 접점을 없애갑니다.

이 모든 것들을 스스로 나쁜 사람이라는 의식을 가지고 실천해야 합니다. 그러면 점차 속마음을 알 수 없는 사람이 되어 정체불명의 두려움을 선사할 수 있습니다.

당신이 상대에게 약하지도 민폐를 끼치지도 않는 존재가 되면 상대의 공격 욕구는 자연스럽게 시들게 마련입니다. '이 녀석을 공격해봤자 재미도 없네' '왠지 두렵다'는 기분이 들어 당신에 대한 공격을 그만두게 됩니다.

항상 공격당하고 있으면서도 상대에게 인정받으려 하는 것은 절대로 해서는 안 되는 행동입니다. 그 자세도 상대에게는 약한 모습으로 보일 뿐이기 때문입니다.

억지로 상대와 가까워지려고 하지 말고 오히려 반대로 조금씩 거리를 둬야 합니다. 그리고 다시 확인해두지만 이것은 상대와의 싸움이 아닙니다. 상대를 향한 증오와 적의가 들기도 하겠지만 모든 단계를 열렬하게 싸우듯이 임하지 말고 냉정한 시선으로 담담하게 실천하기 바랍니다.

무엇보다도 중요한 것은
매일매일의 일관성이다

이제까지 설명한 것을 바탕으로 STEP 6에서 가장 명심해야 할 사항이 있습니다. 그것은 바로 '일관성'입니다.

매일매일 일관성 있게 행동해야 상대가 점점 더 당신을 '감정 표현도 무덤덤하고 말수도 적어서 항상 담담하게 행동하니 왠지 모르게 두려운 생각이 드는 사람'이라고 인식하게 됩니다. 이것이 바로 최종적으로 공격 욕구를 꺾는 가장 중요한 요소입니다.

적절한 변명을 만들어
돌파해나가자

이 책의 해결책은 조금씩 지속적으로 당신의 인식을 바꿔가는 것을 바탕으로 합니다. 며칠도 안 돼서 빠르게 상황이 바뀔 조짐이 보이는 경우도 있지만 반년 이상이 걸리는 경우도 있습니다. 그러니 곧바로 효과가 느껴지지 않아도 낙심하지 말고 꾸준히 실천해가도

매일매일 일관성 있게 행동해야 상대가
점점 더 당신을 '감정 표현도 무덤덤하고 말수도 적어서
항상 담담하게 행동하니 왠지 모르게 두려운 생각이 드는 사람'이라고
인식하게 됩니다.

록 합시다.

해결책을 통해 공격하기 힘들다는 인식을 상대에게 심어줄 수 있다면 언젠가는 상황이 바뀝니다. 그 이유는 다음과 같습니다. 공격하기 쉬우니 공격당하는 것이라는 가장 근본적인 원인을 끊어낼 수 있기 때문입니다.

어쩌면 해결책을 실천하는 중에도 상대에게 말도 안 되는 이유로 혼나거나 트집을 잡히는 등 공격당할 수도 있습니다. 그렇다고 그때마다 공격당하는 유형으로 돌아간다면 다시 처음으로 되돌아가는 형국이 되고 맙니다.

공격당해도 이전의 모습으로 돌아가지 말고 착실하게 해결책을 실천해야 합니다. 그때마다 적절한 변명을 만들어 돌파해나가는 겁니다.

상대가 알아주지도 않는 이상, 당신이 공격당할 때마다 정면으로 뚫고 나가는 수밖에 없습니다. 그러면 상황은 조금씩 바뀌어나갈 겁니다.

상대가 공격을 해오면
엄살을 떨며 변명한다

조금은 약은 방법이지만 변명의 하나로 '엄살떨기'를 사용합시다. 상대가 공격을 해오면 몸이 안 좋다는 분위기를 만들어 상대를 나쁜 사람으로 만드는 겁니다. 즉 몸이 아픈 사람을 무자비하게 공격하고 있다는 인식을 심어주는 겁니다.

다만 늘 감기에 걸린 사람처럼 행동하는 것은 무리가 있고, 그때마다 다른 증상을 만들어내는 일도 고역일 겁니다. 따라서 요통이나 편두통 등 죽을 만큼 아픈 것은 아니지만 매일의 집안일이나 회사 업무에 지장이 생기는 정도의 증상을 미리 생각해두는 것도 좋습니다.

공격을 당하면 '그렇게 공격하면 또 이렇게 아프다'는 듯 얼굴을 찡그리고 괴로워한다는 설정을 해두면 공격당하는 동안 다른 방법을 생각할 필요가 없습니다. 항상 공격당하는 사람은 지나치게 좋은 사람인 경우가 많습니다. 지금부터라도 작은 증상을 가지고 방어막을 삼을 수 있는 정도의 요령은 부릴 줄 알아야 합니다.

당신이 이성을 잃고 화를 냈을 땐
그냥 넘기지 않는다

STEP 3에서 감정 표현을 최대한 담담하게 해야 한다고 설명했습니다. 극단적인 감정 표현은 상대에게 당신의 한계를 보이는 행위입니다.

그렇게 되면 상대는 당신을 통제할 수 있는 사람으로 간주합니다. 따라서 흐느껴 울거나 소리 내서 웃는 것, 이성을 잃고 화를 내는 것도 피하는 것이 좋습니다.

상대가 집요하게 공격하는 이유는 단순히 자신의 공격이 당신에게 영향력이 미치는 모습을 보기 위해서입니다. 상대의 존재에 진심으로 냉정해질 수 있다면 상대에 대한 감정은 자연스럽게 희미해집니다.

다만 처음 얼마간은 상대의 격한 비난에 반응해서 감정적으로 이성을 잃는 일이 벌어질 수 있습니다. 참기 힘든 것이니 어쩔 도리가 없지만 문제는 그 다음입니다.

이성을 잃기 전의 상태로 금방 되돌아가면 안 됩니다. 즉시 제자리로 돌아가면 상대는 이성을 잃어도 금방 정신을 차리므로 '공격해도 괜찮다'고 생각해 당신을 무시하게 됩니다. 이렇게 되면 화를 낸 만큼 손해를 봅니다.

그렇다고 언제까지나 화를 내고 있을 수는 없는 노릇입니다. 당신이 분노를 삭이지 못하는 모습을 보이면 상대는 당신의 민폐 정도를 높여나갑니다. 그리고 "언제까지 그렇게 화를 내고 있을 거야!"라고 오히려 화를 내겠지요.

가장 좋은 방법은 화를 낸 다음날 담담하게 해야 할 일을 하면서 '화를 낸 여운'은 남기는 겁니다. 아직도 화가 나 있는지 알 수 없으니 왠지 말을 걸기가 힘든 기분 나쁜 여운을 상대가 느끼도록 분위기를 만듭니다. 이성을 잃을 만큼 화를 냈다면 그 후 몇 시간에서 하루 이틀 정도는, 이 여운을 남기는 태도를 계속 유지해서 상대가 말을 걸어와도 변함없이 대해야 합니다.

상대를 너무 몰아세워도 반대로 분노를 일으킬 수 있으므로 아직 화가 나 있는지 아닌지 모를 정도의 분위기면 됩니다. 다만 상대가 말을 걸어오면 '슬슬 제자리로 돌아가 볼까' 하는 마음의 준비 정도는 해둬야 합니다.

상대의 의도에
말려들지 않는다

상대는 자신이 말을 걸면 당신이 평소대로 반응할 거라 생각하는데, 당신은 자신이 잘못했다고 생각해서 상대가 용서해줄까 걱정하거나 너무 심했다고 자책합니다. 바로 이것이야말로 상대가 원하는 결과입니다.

여기에서도 상대의 의도에 말려들지 않는 것이 중요합니다. 화를 낸 여운을 남기는 기간이 지나면 평소의 담담한 태도로 돌아옵니다. 특별한 분위기를 만들 필요 없이 비행기를 연착륙시키는 느낌으로 스르륵 돌아오면 됩니다.

이성을 잃고 화를 냈다면
억울함을 드러낸다

사실 전반적으로 감정은 드러내지 않는 것이 좋기 때문에 이성을 잃고 화를 내는 것을 권장하지는 않습니다. 어디까지나 해결책의 단계를 밟아가다가 그만 이성을 잃고 말았을 때 그 다음 수단으로 사용했으면 할 뿐입니다. 실제로 화를 낸 후에 잘 대응하면 상황이 크게 바뀌는 경우도 적지 않습니다.

직장 상사에게 이성을 잃고 화를 내는 일이 흔하지 않겠지만 만일 그랬을 경우에 대처할 수 있는 방법은 조금 다릅니다. STEP 4에서 설명했듯이 '억울함'을 드러내는 말투로 사과합니다. 부부관계와는 다르게 자신보다 우위의 사람에게 크게 화를 낸 것이어서 이유가 무엇이든 일단 당신이 잘못했다고 인정하는 것이 좋습니다.

께름칙할 때는 나중에 개운하게 해소되는 장면을 상상한다

일방적으로 공격당하고도 화를 내지 않았는데 뭔가 뒷맛이 씁쓸한 채 하루가 끝난 경험도 많을 겁니다. 그럴 때는 다음날 평소보다 더욱 말수를 줄이고 어색한 분위기를 만듭니다.

상대는 아무리 심한 말로 당신에게 상처를 입혔어도 자신의 기분이 좋아졌으니 당신의 기분도 좋아졌을 것이라고 무시합니다. 그런 상대의 알량한 예감을 뒤집어버리는 겁니다.

앙심을 품은 듯한 분위기는 만들지 않도록 주의하면서 어딘지 모르게 '그런 공격은 절대로 그냥 넘어가지 않겠다'는 느낌을 상대에게 줘야 합니다. 상처를 받았다는 분위기가 아니라 용서하지 않겠다는 느낌이라는 점을 잊지 말아야 합니다. 그러한 분위기는 당신이 말수를 더욱 줄여서 담담하게 일을 하고 있으면 자연스럽게 만들어집니다.

그러면 상대는 공격하면 이렇게 어색한 분위기가 된다고 인식하게 됩니다. 상대가 이 점을 깨달았다는 것이 느껴지면 당신의 께름칙한 기분도 해소될 겁니다. 그리고 이렇게 께름칙한 기분도 나중에 해소된다는 것을 알게 되면, 공격당할 때 감정적으로 대답하는 사태도 막을 수 있습니다.

그 자리에서 감정적으로 되받는 것이 아니라 나중에 상대에게 어색한 느낌을 맛보게 해서 상황을 깨끗이 정리할 수 있다는 마음가짐을 잘 정비해두어야 합니다. 그러면 상대에게 공격당하는 도중에도 '어휴, 이렇게 공격하면 나중에 자기가 힘들 텐데…. 바보 같으니'라면서 차분하고 냉정한 태도로 상대를 대하는 자신을 발견할 수 있습니다.

한마디로 말하면, '개운한 해소'를 나중으로 돌려야 합니다. 이 방법으로 공격을 금방 멈출 수는 없지만 해결책을 계속 실천하기 위해 꼭 필요한 유의사항이니 꼭 기억하기 바랍니다.

해결책을 계속 실천하면
상대는 약해진다

상대의 공격은 어떤 의미로는 당신의 반응에 대한 복사본입니다. 당신이 자신을 낮춘 태도를 보일수록 상대는 더욱 강해지고, 당신은 그가 생각한 대로 공격당하는 처지가 되고 맙니다. 너무나도 당연한 말이지만 의외로 이런 간단한 구도를 이해하지 못하는 사람이 많습니다.

여기에서 자신의 관계 방식이 상대와의 역학관계를 결정한다는 점을 다시금 강조하고 싶습니다. 그래서 스스로 나쁜 사람이라는 의식을 가지고 반응과 말수를 줄여서 접점을 줄여나가는 것이 중요합니다.

반복해서 실천하면
입장이 역전된다

하나하나 보자면 사소한 대처법이지만 계속 실천해서 변화를 늘려가다 보면 상대적으로 당신이 우위를 점하게 됩니다. 왜냐하면 이 해결책을 실천함으로써 당신은 이전보다 더욱 주체성을 발휘할 수 있게 되기 때문입니다.

지금까지 상대의 수중에 있던 주도권을 당신이 쥐게 되면 상대의 입장은 저절로 낮아집니다. 가령 무엇이든지 남편에게 의논하며 살다가 늘 공격당했던 사람이 아무것도 묻지 않고 결정하거나 결정한 후에 통보만 했더니 어이없게도 전혀 공격당하지 않았다는 사례도 많습니다.

이 사례에서 공격이 멈춘 것은 격하게 싸워 이겨서가 아닙니다. 지극히 일관성 있게 관계 방식을 소극적으로 바꿔서 입장을 역전시킨 결과입니다.

당신은 이미 자신 안에 숨겨둔 나쁜 사람을 보여주겠다는 의식으로 적대적인 기분을 드러내지 않고, 반응도 말수도 점점도 줄여왔습니다. 이후로도 대답할 때에도 이기려 들지 말고 인간관계 그

적절한 거리감이 자리 잡히면
그 후로는 자신의 인생을 살아가는 겁니다.
'그냥 같은 반 친구' 정도의 거리감이 좋습니다.

자체를 역전시킨다는 마음으로 계속 대처해야 합니다.

그렇게 해서 상대의 공격이 줄어든다면 그 해결책을 계속 실천해야 합니다. 그렇게 하면 상대의 눈에 비친 당신의 인상이 확실히 바뀔 겁니다. 상대의 감정은 다음과 같은 식으로 바뀌게 됩니다.

- 이전에는 저 사람 감정이 움직이는 방향을 완전히 간파하고 통제할 수 있다고 생각했는데 뭔가 요즘에는 잘 되지 않는다.
- 모든 일에 냉정해지더니 이제는 무엇을 느끼고 생각하는지 알 수 없다.
- 그래서 공격을 하고 싶어도 어느 지점에서 화를 내면 되는지 알 수 없다.
- 뜻대로 반응하지도 않고 아무리 해도 공격이 통하지 않는 느낌이 든다.

이렇게 당신이 약하거나 민폐를 끼쳐서 공격해도 되는 사람이 아니라 약하지도 민폐를 끼치지도 않는, 그래서 공격하기 힘든 사람이라고 인식이 변하면서 상대의 태도에도 변화가 일어납니다. 일시적으로 공격이 멈추는 것이 아니라 평소에 점차 공격이 줄어드는 식으로 나타나지요. 그렇게 되면 조금씩 태도를 부드럽게 해도 좋을 겁니다.

공격이 멈춰도
예전으로 돌아가서는 안 된다

태도를 부드럽게 하라는 것이 '약하고 민폐여서 공격당해도 되는 사람으로 간주되었을 때'로 돌아가자는 뜻은 아닙니다. 이제 됐다는 듯이 단숨에 인격을 드러내고 감정 표현을 풍부하게 나타내자는 것도 아닙니다.

상대가 공격하기 힘들다고 느낄 정도의 분위기는 그대로 둔 채 냉정하게 대했던 차가움을 조금만 온화하게 풀어주자는 얘기입니다. 최종적인 목표인 '평화 공존'의 관계성에 대한 수준을 조금이나마 올려보자는 것이지요.

여기에서도 당신이 바뀐 것을 상대가 알아차리지 못하도록 각별히 주의해야 합니다. 어디까지나 조금씩 상대가 정신을 차리고 보니 어색함이 줄었다고 느낄 정도의 속도로 태도를 부드럽게 바꿔나가야 합니다.

그리고 적절한 거리감이 자리 잡히면 그 후로는 자신의 인생을 살아가는 겁니다. '그냥 같은 반 친구' 정도의 거리감이 좋습니다. 필요 이상으로 얽히지는 않지만 앙숙인 것도 아닌, 평화롭게 공존하는 정도의 관계로 설정합니다.

이렇게 평화가 성립되면 1장에서 언급한 대로 자연히 애정이나 신뢰가 생기기도 합니다. 다만 어디까지나 혹시 그렇게 될지도 모른다는 뜻이므로 공격이 멈추면 애정이 넘치는 부부관계가 될 수 있다거나 신뢰감이 솟아나는 직장의 상하관계가 될 수 있다는 기대는 버리는 것이 좋습니다.

지배 욕구도 강한 상대에겐
이렇게 대응하자

지금까지 당신은 스스로 나쁜 사람이라는 의식을 가지고 상대에게 무관심해지고 반응과 말수를 줄이고 접점을 줄여 정체불명의 이상한 두려움을 자아내는 행동을 해왔습니다.

상대는 매우 어색한 느낌을 받았을 겁니다. 그 결과 공격당하지 않는 일상이 찾아오고 조금씩 거리가 벌어져 적정한 거리를 둔 평화 공존의 상태가 자리 잡아가겠지요.

여기에서 지금까지의 단계의 전체 마무리를 해야 합니다. 만일 지금까지의 단계를 착실하게 실천해왔어도 공격이 멈추지 않았다면 당신을 항상 공격하는 사람은 공격 욕구가 강할 뿐만 아니라 지배 욕구도 강한 사람입니다.

그러한 경우에는 조금 더 분발해야 합니다. 그런 경우의 해결책을 찾으려면 다음의 STEP 7~8로 넘어가야 합니다.

4장

그래도 공격이 멈추지 않을 때의 최종 수단

차가운 위압감을
드러낸다

어느 정도의 위압감은
반드시 필요하다

지배 욕구란 언제나 손바닥 위에 놓고 조정하면서 육체적이나 정
신적으로 자신의 책임과 고통을 대신해줄 역할을 필요로 하면서
생겨납니다. 요컨대 억지로 끌어당기는 '인력(引力)'이 작용한다고
생각하면 됩니다.

공격 욕구만 강한 유형이라면 STEP 6까지의 대처법으로 착실하

게 실천해서 상황을 바꿀 수 있습니다. 하지만 공격 욕구에 지배 욕구까지 강한 경우는 강한 인력이 작용하기 때문에 그것을 떼어내고 상대를 물리칠 힘을 갖춰야 합니다.

그렇더라도 행동 자체를 특별하게 바꿔야 한다는 뜻은 아닙니다. 기본적으로는 STEP 6까지의 대처법을 실천하면서 냉정함과 정체불명의 두려움을 더욱 강조해서 상대를 대한다고 생각하면 됩니다.

지배 욕구가 강한 상대에게 지배당하지 않으려면 어떻게 해야 할까요? 어느 정도의 세기로 강하게 지배당하지 않겠다는 의사를 표현할 필요가 있습니다.

일반적으로 타인에게 그러한 의사를 표현할 때는 열심히 설명하거나 때로는 소리를 지르기도 합니다. 하지만 이 책을 읽고 있는 당신은 아마 그러한 방법으로 자신의 힘을 표현하기가 힘든 사람일 겁니다.

그리고 설득이나 큰소리를 치는 등의 강한 표현으로는 지배 욕구가 강한 사람에게 그러한 욕구를 잠재울 수 있을 정도의 위압감을 줄 수 없습니다. 그렇다면 다른 방법으로 상대의 지배 욕구를 누르기 위한 위압감을 만들 필요가 있습니다.

강한 태도가 아닌 냉정한 태도를 취해야 합니다. 피도 눈물도 없는 것처럼 얼어붙듯 차가운 분위기를 자아내어 위압감을 주는 것이 상대의 인력을 물리치는 효과가 있습니다.

위압감을 주려면
차가운 분위기를 만든다

'나는 피도 눈물도 없다'는 것을 적대적인 말이나 태도로 표현해서는 안 됩니다. 적의가 있는 말로 되받아쳐서도 안 되고, 해야 할 일을 내버려둬서도 안 되고, 그저 분위기만 냉정하고 차가운 느낌을 줘야 합니다.

해야 할 일은 잘해내고 있고 분위기만 냉정하게 느껴질 뿐이기 때문에 상대가 당신을 공격할 구실이 없습니다. 상대는 어찌 할 바를 모르고 '이 녀석은 지배할 수 없는 건가' 하고 기대를 버리게 될 겁니다.

본래 위압감을 주면 상대가 당신의 적의를 감지해서 공격을 강화하는 계기가 될 위험이 있습니다. 그렇기 때문에 STEP 6까지는 위압감을 주는 대처법을 언급하지 않았습니다. 하지만 상대가 지배 욕구가 강한 유형이라면 단순히 상대의 공격에 반격하는 정도를 넘어 당신이 먼저 상대를 물리칠 힘도 필요합니다. 따라서 먼저 적대적인 감정이 아닌 냉정함을 강화해서 필요한 위압감을 갖춰야 합니다.

발언과 표정으로
차가운 위압감을 주는 요령

차가운 위압감을 주는 방법은 의외로 간단합니다. 당신이 상대를 냉정한 분위기에 끌어들여야 합니다. 가령 지금까지는 짧고 부드럽게 자르듯 말해왔지만, 이제는 '냉정함'을 더해서 짧고 부드럽게 딱 잘라 냉정하게 말하도록 해야 합니다.

물론 짧고 부드럽게 잘라 말하는 것만으로도 어느 정도의 냉정함이 깃들어 있습니다. 하지만 그것보다 더욱 의식적으로 차갑게 대하라는 뜻입니다.

웃을 때에도 지금까지는 치아를 드러내지 않는 미소였다면, 이제는 조금 차가운 표정을 짓습니다. 한쪽의 입 꼬리만 올려서 웃고 바

지배 욕구가 강한 사람의 대부분은

마음속으로 자신이 말도 안 되는 주장을 하고 있다는 사실을 알고 있습니다.

따라서 당신이 늘 멍한 얼굴로 있으면,

상대는 자신이 이치에 맞지도 않는 말을 하고 있다는 현실을 직면해야 합니다.

로 굳은 얼굴로 돌아오면 공격하기 힘든 분위기가 됩니다.

굳은 표정은 적대적으로 받아들여지기 때문에 STEP 6까지는 권장하지 않았습니다. 하지만 이 단계에서는 더 냉정한 모습을 보이기 위해서 부드러운 표정보다 굳은 표정을 늘려야 합니다. 그렇게 하면 냉정한 인상을 만들 수 있습니다.

또한 지배 욕구가 강한 상대에게 멍한 표정을 짓는 것도 효과적입니다. 예를 들면 무덤가를 지키는 동물 조각상 같은 표정을 하는 겁니다. 그러면 당신이 무슨 생각을 하는지 표정을 봐서는 알 수 없습니다.

타인을 지배하고 싶다면 상대가 무엇을 생각하고 있는지 알아야 합니다. 하지만 당신이 멍한 얼굴을 하고 있으면 적대적인 인상도 아닌데 무엇을 생각하고 있는지 읽어내기 어려워서 지배할 방법이 없어집니다.

또한 지배 욕구가 강한 사람의 대부분은 마음속으로 자신이 말도 안 되는 주장을 하고 있다는 사실을 알고 있습니다. 따라서 당신이 늘 멍한 얼굴로 있으면, 상대는 자신이 이치에 맞지도 않는 말을 하고 있다는 현실을 직면해야 합니다.

그렇게 되면 상대가 당신에게 불합리하게 떠맡기려는 책임을 적의를 보이지 않고 물리칠 수 있습니다. 멍한 얼굴로 해결되지 않은 모호하고 어중간한 상태로 내버려둬서 그가 스스로 거두게 하는 겁니다.

냉정함을 보이려면
침묵도 효과적이다

냉정함을 보이려면 침묵도 효과적입니다. 지금까지는 침묵이 일상인 사람이나 더 나아가 지나치게 과묵한 사람처럼 대화가 이어지지 않는 시간을 만들어 되도록 최소한으로 말을 섞는 선에서 그쳤습니다. 그 최소한의 대화도 마치 교과서를 읽는 듯이 하면 당신의 감정을 보이지 않으면서 독특한 위압감을 주기 때문에 상대가 어떻게 공격하면 좋을지 알 수 없습니다.

이 방법을 실천하려면 내면에 감춰진 '나는 나쁜 사람'이라는 의식을 더욱 강화할 필요가 있습니다. 먼저 혼자 있을 때 말하는 방법이나 표정을 연습해보기 바랍니다. 이전보다 더욱 차가운 위압감을 자아내는 분위기를 느낄 수 있습니다.

지금 예로 든 것은 모두 인간적이라고 할 수 없는 대처법입니다. 이제껏 실천해온 해결책의 강도를 높이면 더욱 인간적이지 못한 관계 방식이 되겠지요. 그렇게 되면 당연히 '평화 공존'의 수준이 낮아집니다.

하지만 애초에 상대의 지배를 벗어나지 못하면 평화로운 관계를 만들 수 없으므로 상대에게 지배당하지 않는다는 인상을 주는 것이 먼저입니다. 그래야 진정 평화로운 관계를 만들 수 있습니다.

무언가 감춘 듯한 분위기로
까닭 모를 두려움을 자아내다

여기까지 설명해온 대처법을 실천해왔다면 당신은 이미 '까닭 모를 두려움'의 사용법을 익혔겠지요. 지금까지는 반응을 줄임으로써 무언가를 감춘 듯한 분위기로 정체불명의 두려움을 자아냈습니다. 하지만 상대가 지배 욕구가 강한 사람이라면 그 정체불명의 두려움을 더욱 강화시켜 까닭 모를 두려움을 느끼게 만들어야 합니다.

까닭 모를 두려움이 느껴지는 사람은 지배 욕구가 강한 사람이

까닭 모를 두려움이 느껴지는 사람은

지배 욕구가 강한 사람이 가장 어려워하는 유형입니다.

타인을 지배하려면 상대가 무엇을 생각하고 있는지 알아야 합니다.

가장 어려워하는 유형입니다. 타인을 지배하려면 상대가 무엇을 생각하고 있는지 알아야 합니다. 상대를 잘 알지 못하면 그 사람을 지배할 수가 없기 때문입니다.

여기에서 해결책을 실천해온 사람은 이미 정체불명의 두려움을 통해 까닭 모를 두려움이 어떤 의미인지 이해했으리라 생각합니다. 이제부터 지배 욕구가 강한 상대를 대할 때에는 '나는 까닭 모를 두려움을 느끼게 만드는 데 익숙한 사람이다'라는 생각을 하기 바랍니다.

자연스럽게 만들어지는 것이 아니라 의도적으로 만든다고 생각하면서 의식 수준을 올려야 합니다. 그러면 자연스럽게 까닭 모를 강함이 한층 강화되어 차가운 위압감을 증폭시킬 수 있습니다.

상대가 알지 못하게
조용히 행동한다

진정한 인생은
공격이 멈춘 후에 시작된다

여기까지 왔다면 드디어 최종 단계에 도달했습니다. 상대가 지배
욕구가 강한 사람이더라도 이 STEP 8까지의 해결책을 빠짐없이
실천했다면 조만간 상황은 크게 바뀔 겁니다.

이 최종 단계에서 다시금 전하고 싶은 말이 있습니다. 이 해결책
을 실천하는 목적은 어디까지나 평화를 조성해서 당신의 인생을

사는 것이라는 점입니다.

당신은 안타깝게도 공격 욕구가 강한 사람을 만났고 그가 당신의 관계 방식에 영향을 받아 항상 공격하고 당하는 관계가 만들어졌습니다. 그래서 본래 부정적인 의미인 나쁜 사람이라는 의식을 가지고 상대에 대한 관심을 줄이고 반응과 말수도 줄여야만 했습니다.

이것이 바로 당신이 이 책을 읽고 해결책을 실천하게 된 경위입니다. 이 점을 다시 떠올리기 바랍니다.

이 해결책은 인생을 다시 시작하는 준비 단계이며, 정식 레이스가 시작되었을 때 할 만한 사항은 아닙니다. 진짜 중요한 것은 이 해결책을 실천해서 평화가 조성된 이후입니다.

이제 공격을 하지 않고 상대와 평화롭게 공존할 수 있는 최소한의 조건이 갖춰졌을 뿐입니다. 앞으로 인생을 어떤 생각을 가지고 어떻게 살아갈지 스스로 자문해봐야 합니다.

'단독자(單獨者)로서 문을 두드릴 것.' 교육학자인 사이토 다카시의 책에 쓰인 말입니다. 사이토 씨는 이것을 좌우명으로 삼아 연구실에 붙여두었다고 합니다.

항상 공격당하는 상황에서 벗어나 새로운 인생을 살아가기 위한 마음가짐으로 너무 잘 어울리지 않나요? 상대의 영향력에서 벗어나 그에게 의존하지 않고 하나의 인간으로서 살아가겠다는, 즉 단독자로서 살겠다는 각오를 다져야 합니다.

의존심을 버리고
단독자로 살아가다

지금까지 많은 사람들을 상담하면서 나는 공격의 표적이 되는 사람에게는 한 가지 장소나 사람에 의존하는 경향이 있다는 점을 깨달았습니다. 의존이라기보다 거처가 되는 삶의 터전이 하나밖에 없거나 적다고 하는 편이 정확할지도 모르겠습니다.

그래서 이 해결책을 실천하는 중에 상대와 거리가 멀어지면 조금은 서운한 기분이 든다는 사람도 있었습니다. 항상 공격받고 상처 입었어도 마음 한 구석에 상대가 자리했기 때문이지요.

하지만 그런 의존심이 있는 한 상대의 지배에서 벗어날 수 없습니다. 아무리 각각의 해결책으로 관계 방식을 바꿔보아도 가끔 의존심이 고개를 내밀면 상대는 안심하고 당신을 비난하거나 공격해서 계속 지배하려 들 겁니다. 이처럼 최종 단계에서 당신의 내면에 있는 의존심 때문에 엉망이 되지 않으려면 단독자로서 살아갈 각오를 다져야 합니다.

하지만 갑작스럽게 의존심을 없애기도 사실 어려울 겁니다. 이제 상대에게 의존하지 않도록 다른 곳에 터전을 잡는 것도 좋겠지요. 터전이 많을수록 한 대상에 대한 의존감은 약해집니다. 지금까지는 항상 공격적인 상대만 접했기 때문에 그만큼 상대에 대한 의존감이 강해졌을 뿐입니다.

취미나 일, 혹은 그 무엇이라도 좋으니 상대가 없는 세계에 무언가 빠져들 수 있는 것을 찾아보세요. 그것이 이후의 인생의 목적이나 목표, 인생의 근원이 되어 단독자로서 자신의 인생을 살아갈 수 있습니다.

단독자로서 살아가겠다는 의식이 중요한 것은 회사원도 마찬가지입니다. 직장 상사의 영향력 아래에 있다고 생각하겠지만 당신은 한 개인으로서 회사에 고용되었습니다. 지금까지는 상사의 존재에 주눅이 들어서 그가 지시하는 대로만 했겠지요. 그에게 지시받으려고 늘 대기하고 있는 사람처럼요. 그것도 일종의 의존 현상이었을 겁니다.

하지만 이 해결책을 착실히 실천하면 이전의 당신과는 다른 사람이 됩니다. 상사의 지배 아래 있는 사람이 아닌 회사의 이익에 공헌하는 개인으로서 스스로 일을 만들어 수행할 수 있습니다. 이 역시 단독자로서 살아가는 의식에서 비롯됩니다.

의존하지 않기 위해
기본과 예외를 역전시키다

방금 얘기한 것처럼 항상 공격당하는 사람에게는 하나의 대상에 의존하는 경향이 있습니다. 혹시 당신의 내면 어딘가에 그 사람이 없으면 안 된다는 식의 생각이 자리잡고 있지는 않은지요? 반대로 그 사람에게 자신이 없으면 안 된다고 생각하는 것도 이와 마찬가지입니다.

그렇다면 의존하지 않는다는 것은 어떤 마음 상태일까요? 여러 가지 표현이 있겠지만 가장 적당한 말은 '그냥 있으면 좋은' 정도입니다.

상대가 없으면 안 된다거나 그 사람은 자신이 없으면 안 된다는

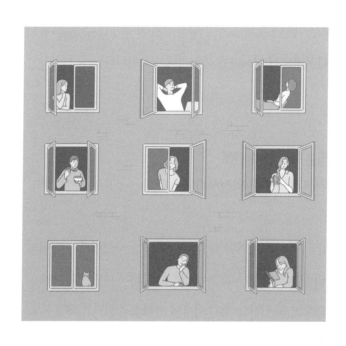

진짜 중요한 것은 이 해결책을 실천해서 평화가 조성된 이후입니다.

이제 공격을 하지 않고 상대와 평화롭게 공존할 수 있는

최소한의 조건이 갖춰졌을 뿐입니다.

앞으로 인생을 어떤 생각을 가지고 어떻게 살아갈지 스스로 자문해봐야 합니다.

식으로 상대에게 기대는 것이 아닙니다. 상대를 '그냥 있으면 좋다' 고 생각하는 것이 의존심이 없는 상태입니다.

이런 상태를 만들려면 관계 방식의 기본과 예외를 뒤바꿔야 합 니다. 예를 들어 항상 대화를 나누고 무엇이든 의논하려 드는 모습 을 생각해보죠. 지금까지는 이것이 당신의 기본 태도였을 겁니다. 이러한 관계 방식을 가진 사람이 공격 욕구나 지배 욕구가 강한 사 람과 함께 있으면 표적이 되기 십상입니다. 이제부터는 그러한 기본 과 예외를 전부 뒤바꿔야 합니다.

다시 말해 대화를 나누고 상담하는 것을 예외로 삼고 대화를 나 누지 않거나 의논하지 않는 것을 기본으로 하는 겁니다. '거리를 얼 마나 줄일까'라고 생각하는 것이 아니라 '거리를 어느 정도로 잡을 까'라고 고심하는 겁니다.

지금까지는 상대에 대한 의존심 때문에 서로 더 알고 싶다거나 사랑하고 싶다는 희망에 매달렸겠지요. 하지만 너무나 안타깝게도 상대는 당신의 기분을 이용해서 공격하는 사람입니다. 그러면서도 당신이 사라질까봐 극도로 두려워해서 억지로 끌어당기는 사람이 지요.

그런 사람을 가까이한다는 것은 애시당초 말도 안 되는 일입니다. 멀어지는 것에 집중해서 해결해야 한다는 점을 다시 명심해야 합니다.

기본과 예외를 뒤바꿔서 자연스럽게 상대와 거리를 벌려야 합니다. 그러는 동안 의존심도 희미해지고, 부부관계든 직장 상사와의 관계든 자연스럽게 '그냥 있으면 좋다'고 생각하게 될 겁니다.

상대가 알지 못하게
은밀하게 실천한다

이제 당신이 상대가 없는 세계에 열중하게 되었다 해도, 그것을 상대가 알지 못하도록 주의해야 합니다. 그 이유에 대해 설명하겠습니다.

지금까지는 무엇이든 얘기를 나누고 의논하는 것이 기본이었다면 '지금부터 이런 일을 하려고 한다'라고 전하고 싶어질 겁니다. 하지만 지배 욕구가 강한 사람은 당신이 자신의 시야에서 벗어나는 것을 아주 두려워합니다.

물리적으로나 심리적으로나 당신을 가까이 두지 않으면 불안하기 때문에 지배하려 드는 겁니다. 이러한 심리적인 구조가 작동해서 당신이 조금이라도 독립성을 보이면 멀어지려는 신호로 받아들이고, 외톨이가 된다는 공포심 때문에 지배력을 더욱 강화시킬 수 있습니다.

그렇게 되면 하고 싶은 일에 관해 의논해도 도움을 주기는커녕 오히려 적극적으로 방해할 겁니다. 남편이든 직장 상사든 마찬가지입니다.

남편에게 "취미생활을 하려고 해요" "아르바이트를 해보려고요"라고 하면 "집안일을 소홀히 하려고 그래!" "월급이 적다는 거야! 뭐 불만 있어?"라고 비난하며 당신이 가정 외에 갈 곳이 생기는 것을 힘껏 저지하려고 들겠지요. 직장 상사라면 당신을 자신의 수족으로 삼기 위해 당신이 혼자서 할 수 있는 일은 모조리 방해하려 들 겁니다.

따라서 하고 싶은 일을 몰래 실행하는 것이 무엇보다 중요합니다. 그냥 아는 같은 반 친구 정도의 거리감으로 상대와 평화롭게 공존할 수 있다면 아무도 모르게 자신의 인생을 살기 시작할 수 있습니다.

복수하고 싶을 때는
진정한 목적을 생각한다

몰래 실행할 때 반드시 주의해야 할 것이 있습니다. 절대 들뜬 기분으로 해서는 안 된다는 점입니다.

앞서 말했지만 몰래 실행하는 목적은 당신이 상대의 간섭을 받지 않고 자신의 인생을 살아가기 위함입니다. 이 점을 잘 기억하기 바랍니다.

'나는 이제 당신이 모르는 곳에서 나답게 살기 시작할 겁니다' 하고 상대에게 알려서 약을 올리기 위한 것이 결코 아닙니다. 또한 지금까지의 과정을 거치면서 이미 상대에 대한 관심은 충분히 낮아졌을 겁니다.

목표는 상대에게 복수하는 것이 아니라 평화라는 점을 명심해야 합니다. 이것도 반복해서 얘기했으니 잘 이해했으리라 생각합니다. 아직도 되갚아주고 싶다거나 응징해버리고 싶다는 생각이 마음속에 맺혀 있다면 주의해야 합니다.

혹시 그러한 생각이 마음속에 있으면 '몰래 실행하면서 당신의 지배에서 벗어날 것이다'라고 암묵적으로 호소하고 싶어지기 때문입니다. 그러면 상대는 뭔가 당신의 수상한 분위기를 느끼게 될 겁니다. 이렇게 상대에게 알리고 싶다는 생각에 빠진 사람에게 저는 늘 "복수하고 싶겠지만 그렇게 하면 다시 공격이 시작될 겁니다"라고 당부합니다.

당신이 흘낏거리는 수상한 분위기를 만들면 그것을 눈치챈 상대가 다시 공격 욕구와 지배 욕구를 불태우는 역효과를 가져올 수 있습니다. 이렇게 되면 지금까지 실행해온 것이 수포가 되어버릴 위험이 있습니다.

거듭 이야기했지만 이 해결책의 목적은 어디까지나 평화를 만들어 당신이 자신의 인생을 되찾는 겁니다. 그렇기에 지금까지 상대의 존재에 대해 마음속 깊이 냉정해질 수 있도록 반응과 말수, 접점을 줄여가면서 일관되게 실천해왔습니다.

몰래 실행한다는 것은 그러한 자각을 지닌 채로 상대가 눈치채지 못하도록 행동한다는 의미입니다. 이것을 실천해보면 상대에게 아무런 말을 하지 않고 행동함으로써 얼마나 다양한 일을 할 수 있는지 실감하게 될 겁니다.

이로써 드디어 당신은 이 해결책의 종점에 도착한 겁니다. 이는 동시에 새로운 인생의 시작이기도 합니다.

이제부터는 상대에게 공격당하는 공포도, 상대에게 지배당하는 불안도 느끼는 일 없이 아무쪼록 뜻한 대로 자신의 인생을 살아가 길 바랍니다.

■ 독자 여러분의 소중한 원고를 기다립니다

메이트북스는 독자 여러분의 소중한 원고를 기다리고 있습니다. 집필을 끝냈거나 집필중인 원고가 있으신 분은 khg0109@hanmail.net으로 원고의 간단한 기획의도와 개요, 연락처 등과 함께 보내주시면 최대한 빨리 검토한 후에 연락드리겠습니다. 머뭇거리지 마시고 언제라도 메이트북스의 문을 두드리시면 반갑게 맞이하겠습니다.

■ 메이트북스 SNS는 보물창고입니다

메이트북스 홈페이지 www.matebooks.co.kr

책에 대한 칼럼 및 신간정보, 베스트셀러 및 스테디셀러 정보뿐만 아니라 저자의 인터뷰 및 책 소개 동영상을 보실 수 있습니다.

메이트북스 유튜브 bit.ly/2qXrcUb

활발하게 업로드되는 저자의 인터뷰, 책 소개 동영상을 통해 책에서는 접할 수 없었던 입체적인 정보들을 경험하실 수 있습니다.

메이트북스 블로그 blog.naver.com/1n1media

1분 전문가 칼럼, 화제의 책, 화제의 동영상 등 독자 여러분을 위해 다양한 콘텐츠를 매일 올리고 있습니다.

메이트북스 네이버 포스트 post.naver.com/1n1media

도서 내용을 재구성해 만든 블로그형, 카드뉴스형 포스트를 통해 유익하고 통찰력 있는 정보들을 경험하실 수 있습니다.

STEP 1. 네이버 검색창 옆의 카메라 모양 아이콘을 누르세요.   STEP 2. 스마트렌즈를 통해 각 QR코드를 스캔하시면 됩니다.
STEP 3. 팝업창을 누르시면 메이트북스의 SNS가 나옵니다.